DU JURÉ

NOTES

DE QUELQUES LOIS ET DE QUELQUES USAGES
DONT LA CONNAISSANCE EST UTILE
AUX JURÉS,

Par M. Desisles,
Conseiller à la Cour Royale de Limoges.

LIMOGES.
IMPRIMERIE DE F. CHAPOULAUD.

Mai 1840.

La première édition de cet opuscule a été tout entière distribuée aux jurés des assises que j'ai présidées depuis 1837. Chacun de ces jurés, quinze jours avant l'ouverture de la session, en a reçu un exemplaire.

J'ai reconnu qu'il leur avait été utile, et je me suis décidé à publier cette seconde édition pour les jurés des assises que je pourrai présider encore.

AGENDA DU JURÉ.

AGENDA

DU JURÉ

NOTES

DE QUELQUES LOIS ET DE QUELQUES USAGES DONT LA CONNAISSANCE EST UTILE AUX JURÉS;

Par M. Desisles,

CONSEILLER A LA COUR ROYALE DE LIMOGES.

Deuxième Edition.

LIMOGES.

IMPRIMERIE DE F. CHAPOULAUD.

Mai 1840.

TABLEAU

DES MATIÈRES CONTENUES DANS L'AGENDA DU JURÉ.

AGENDA
DU JURÉ.

CHAPITRE PREMIER.

CONDITIONS REQUISES POUR ÊTRE JURÉ.

—

N° 1er.

Pour être appelé aux fonctions de juré il faut réunir les conditions suivantes :

1° Etre âgé de trente ans accomplis — V. n° 2;

2° Jouir des droits civils et politiques — V. n° 3;

3° Payer 200 fr. de contributions directes (V. n° 7), sauf les exceptions énoncées aux n°s 8 et 9;

4° N'être dans aucun des cas d'incompatibilité (V. n° 12) ou d'incapacité exprimés par la loi. — V. n° 11.

N° 2.

Age de trente ans nécessaire pour être juré.

Nul ne peut remplir les fonctions de juré s'il n'a trente ans accomplis, à peine de nullité. (C. inst. cr. 381.)

Toute déclaration du jury à laquelle aurait concouru un juré qui n'aurait pas commencé sa trente-unième année serait annulée.

Il y aurait même nullité s'il n'y avait que trente jurés qui eussent concouru au tirage du jury (V. n° 48), et que l'un d'eux n'eût pas atteint sa trente-unième année.

Un juré peut accomplir sa trentième année pendant la durée de la session à laquelle il est appelé. Il ne connaîtra pas des premières affaires ; mais il entrera en fonctions pour les affaires qui commenceront au moment où il atteindra sa trente-unième année.

Le juré qui connaît en lui cette cause d'incapacité doit en prévenir le ministère public près la cour d'assises.

Si, d'après la durée probable de la session, un juré doit, avant sa clôture, atteindre l'âge requis par la loi, il doit se rendre au lieu où se tiennent les assises. Le procureur du roi, qu'il aura prévenu, demandera et la cour ordonnera qu'il soit dispensé pour les premières affaires. Il peut aussi, sans se rendre en personne à l'ouverture des assises, demander, par écrit, à être dispensé jusqu'au jour où il atteindra sa trente-unième année. Mais il faudra qu'il se présente ce jour même.

S'il ne doit accomplir sa trentième année qu'après la clôture de la session, il peut se présenter en personne aux assises, et faire prononcer sa dispense ; il peut aussi adresser, par écrit, sa demande à la cour.

Pour les formalités de cette demande, si elle est faite verbalement (V. n° 38) ; si elle est faite par écrit, — V. n° 39.

Dans tous les cas il faut, à l'appui de sa demande, produire son acte de naissance (V. n° 43), et un certificat du maire de sa commune pour justifier que cet acte est celui du réclamant. — V. *Certificat*, n° 40.

Néanmoins la production de ces deux actes serait inutile si la liste des quarante jurés, dont un extrait lui a été notifié, portait la désignation exacte de son âge, et ne lui attribuait pas l'âge requis pour être juré.

Le juré qui se présente à la cour d'assises pour faire admettre ce moyen de dispense a droit à une indemnité de voyage. — V. n° 120.

N° 3.

Jouissance des droits politiques et civils nécessaires pour être juré.

Nul ne peut remplir les fonctions de juré s'il ne jouit des droits politiques et civils, à peine de nullité. (C. inst. cr. 381.)

La déclaration d'un jury auquel aurait concouru un individu qui ne jouit pas en France des droits civils et politiques devrait être annulée.

Le juré qui reconnaît en lui cette incapacité doit en prévenir le ministère public près la cour d'assises.

Comment s'acquièrent ces droits? — V. n° 4.

Comment se perdent-ils? — V. n° 5.

Que doit faire le juré qui connaît cette cause d'incapacité? — V. n° 6.

N° 4.

Comment s'acquièrent les droits politiques et civils.

Ils sont acquis par la naissance ou par la naturalisation.

Par la naissance ils sont acquis de droit au fils d'un Français quand même il serait né en pays étranger.

L'enfant né sur le sol français d'un père étranger acquiert ces droits en accomplissant les formalités prescrites par l'art. 9 du Code civil.

Il en est de même de l'enfant né, en pays étranger, d'un père qui a perdu la qualité de Français.

Ces droits sont acquis par la naturalisation à l'étranger qui, après en avoir obtenu du roi l'autorisation, se conforme aux dispositions de l'art. 3 de la constitution de l'an VIII et du décret du 17 mars 1809.

N° 5.

Comment se perdent les droits politiques et civils.

Celui qui jouissait de ces droits les perd :

1° Par la naturalisation en pays étranger;

2° Par l'acceptation, sans l'autorisation du roi, de fonctions publiques conférées par un gouvernement étranger, ou de service militaire chez l'étranger, ou par l'affiliation à une corporation militaire étrangère;

3° Par un établissement fait en pays étranger sans esprit de retour;

4° Par suite d'une condamnation judiciaire emportant la dégradation civique (V. C. pén. 18), ou d'une condamnation prononcée en exécution de l'article 42 du même Code — V. n° 11;

5° Par l'interdiction, ou la nomination d'un conseil judiciaire;

6° Par l'état de domesticité à gages, d'accusé, de contumace, de débiteur failli, même concordataire. Sous ce rapport la loi assimile au failli celui qui détient à titre gratuit, et en qualité d'héritier immédiat, la succession totale ou partielle d'un failli.

N° 6.

Que doit faire celui qui ne jouit pas des droits civils et politiques s'il est appelé comme juré ?

Il doit, avant l'ouverture de la session, informer le ministère public de la cause qui l'empêche de remplir les fonctions de juré.

Il peut se présenter à la cour d'assises, et exposer verbalement sa demande (V. n° 38) ; il peut s'adresser par écrit au procureur du roi. — V. n° 39.

S'il se rend aux assises, il peut obtenir une indemnité de voyage. — V. n° 120.

N° 7.

Cens. Contributions nécessaires pour être juré.

Il faut, pour être juré, payer 200 fr. de contributions directes, sauf dans les deux cas d'exceptions énoncés aux n°s 8 et 9.

Ces contributions sont :

1° La contribution foncière;

2° Les contributions personnelle et mobilière;

3° La contribution des portes et fenêtres ;

4° Les redevances fixes et perpétuelles sur les mines ;

5° L'impôt des patentes ;

6° Les suppléments d'impôt de toute nature compris sous le nom de *centimes additionnels*.

Il n'appartient pas à la cour d'assises d'admettre pour cause de dispense le fait qu'un juré n'a jamais payé ou qu'il a cessé de payer le cens voulu par la loi. Ainsi celui qui est appelé comme juré quoiqu'il ne paie pas 200 fr. de contributions directes ne peut se dispenser de se présenter à l'ouverture de la session, et de remplir les fonctions de juré.

S'il ne comparaissait pas, il serait condamné comme défaillant. — V. n° 23.

N° 8.

Quelles personnes peuvent être jurés sans égard à leurs contributions.

Ce sont, d'après l'article 386 du C. d'inst. cr., les

Docteurs en médecine et les *docteurs* de l'une ou de plusieurs des facultés de droit, des sciences et des lettres;

Fonctionnaires publics nommés par le roi, et qui exercent des fonctions gratuites;

Institut (membres de l');

Licenciés de l'une des facultés de droit, des sciences et des lettres; mais il faut que le *licencié* en droit soit inscrit sur le tableau des avocats ou des avoués; que le *licencié* de la faculté des sciences ou de celle des lettres soit chargé de l'enseignement de quelqu'une des matières appartenantes à la faculté où il a pris sa licence : à défaut de cette condition, il faut que les *licenciés* de ces trois facultés justifient qu'ils ont, depuis dix ans, leur domicile réel dans le département;

Notaires, après trois ans d'exercice de leurs fonctions;

Officiers des armées de terre et de mer en retraite; mais il faut le concours de ces deux circonstances : 1° qu'ils jouissent d'une pension de retraite de 1,200 fr. au moins; 2° qu'ils aient, depuis cinq ans, leur domicile réel dans le département;

Sociétés savantes reconnues par le roi (membres des).

N° 9.

Cas où l'on peut être juré par ses contributions sans payer 200 fr.

Dans quelques départements les individus qui paient 200 fr. de contributions directes et les individus désignés au n° précédent ne s'élèvent pas à 800 : alors ce nombre est complété par les plus imposés du département après ceux qui paient 200 f.

N° 10.

Domicile réel. Département dans lequel on doit exercer les fonctions de juré.

La loi autorise à transférer son domicile politique dans un autre département que celui que l'on habite : c'est dans ce département de son choix que l'on exerce son droit d'électeur. Mais, pour rendre moins onéreuses les fonctions de juré, la loi décide que l'on ne sera appelé à les remplir que dans le département où l'on réside.

Si un juré se trouve appelé à des assises dans un autre département que celui de son domicile réel, il peut se faire dispenser du service qui lui est demandé.

Il peut présenter sa demande en personne (V. n° 38) ; il peut la former par écrit. — V. n° 39.

Le juré qui transfère son domicile réel dans un autre département doit en avertir le préfet. Cette précaution lui évitera le danger d'être appelé aux assises de son ancien département.

A l'appui de sa demande, qu'il adresse à la cour d'assises, le juré doit produire un certificat du maire de la commune où il a son nouveau domicile. — V. n° 40.

N° 11.

Individus qui sont incapables de remplir les fonctions de juré.

Les individus que la loi déclare incapables des fonctions de juré, quoiqu'ils réunissent les autres conditions énoncées dans les numéros précédents, sont : les *accusés*, c'est-à-dire ceux qu'un arrêt de la cour royale a renvoyés aux assises.

Condamnés à la dégradation civique. — Les condamnations aux travaux forcés à temps, à la détention, à la reclusion et au bannissement emportent la dégradation civique. (C. pén. 28.)

Condamnés à la mort civile. — Les condamnations à la peine de mort, aux travaux forcés à perpétuité et à la déportation emportent la mort civile. (C. pén. 18.)

Condamnés, en exécution de l'art. 42 du Cod. pén., à la privation du droit d'être juré.

Contumaces.

Domestiques à gages.

Etrangers. — V. *Droits politiques et civils*, n° 3.

Faillis, et, dans certains cas, leurs héritiers. — V. n° 5.

Interdits.

Prodigues soumis à un conseil judiciaire.

On pourrait aussi considérer comme incapable d'exercer les fonctions de juré celui qui ignorerait entièrement la langue française. En effet les débats, les plaidoiries, le résumé du président, les questions soumises au jury, ne seraient pas compris du juré qui ne parle pas la langue française. Si l'on recourait à un interprète, le moindre inconvénient serait de doubler la durée de l'affaire. Quelque soin que l'on prît, jamais ce juré ne connaîtrait que bien imparfaitement la cause qu'il jugerait : la traduction la plus fidèle enlève toujours aux discours qu'elle reproduit une partie de leur puissance.

Celui qui, appelé comme juré, sait qu'il est frappé de l'une de ces incapacités doit en informer le procureur du roi près la cour d'assises, et demander à être dispensé.

S'il présente en personne sa demande (V. n° 38); s'il la forme par écrit, — V. n° 39.

N° 12.

Incompatibilité entre certaines fonctions et celles de juré.

Parmi les causes d'incompatibilité les unes sont absolues et pour toutes les causes portées aux assises (V. n° 13); d'autres ne sont relatives qu'à certaines affaires. — V. n° 14.

N° 13.

Incompatibilité absolue.

D'après l'art. 383 du Cod. d'inst. cr., les fonctions de juré sont incompatibles avec celles de

Conseiller à la cour de cassation;
Conseiller à une cour royale;
Juge de paix;
Juge des tribunaux de commerce;
Juge des tribunaux de première instance;
Ministre d'état;
Ministre d'un culte quelconque;
Préfet;
Procureur général, procureur du roi;
Sous-préfet;

Substitut du procureur général;
Substitut du procureur du roi.

Mais il n'y a pas d'incompatibilité entre les fonctions de juré et celles de

Conseiller de préfecture;
Greffier;
Juge suppléant;
Maire ou adjoint;
Militaire en activité de service; (mais ils peuvent être dispensés pour nécessité de service — V. n° 32);
Prud'homme.

Lorsque celui dont les fonctions sont incompatibles avec celles de juré se trouve appelé aux assises, il doit prévenir le procureur du roi; s'il forme sa demande en personne (V. n° 38); s'il la forme par écrit, — V. n° 39.

N° 14.

Incompatibilités relatives.

D'après l'art. 392 C. inst. cr., nul ne peut être juré dans la même affaire où il a été expert, interprète, officier de police judiciaire, partie ou témoin.

Le juré qui connaît cette cause d'incompatibilité doit en prévenir le procureur du roi, et demander à être dispensé avant le tirage au sort du jury qui doit connaître de cette affaire.

Cette demande est faite verbalement à l'audience. — V. n° 38.

CHAPITRE II.

COMPOSITION DU JURY. CONVOCATION DES JURÉS.

—

Pour arriver à la désignation des douze jurés qui connaissent de chaque affaire d'assises on suit les règles suivantes :

Le préfet, dans tous les départements, inscrit sur une liste tous les individus qui sont dans les conditions requises pour remplir les fonctions de juré : c'est la *liste générale du jury*. — V. n° 15.

Sur cette première liste le préfet choisit un certain nombre d'individus parmi lesquels seront pris les jurés qui siégeront aux assises pendant l'année suivante : on peut nommer *liste annuelle* la liste qu'il en compose. — V. n° 16.

Avant chaque session le premier président de la cour royale tire au sort le nom de quarante jurés pour le service de cette session : on peut nommer cette nouvelle liste la *liste des quarante*. — V. n° 17.

A l'ouverture de chaque session la cour d'assises élimine de la liste des *quarante* les jurés qui présentent des excuses valables, et ceux qu'elle condamne comme absents : la liste ainsi réduite peut être nommée *liste de service* ou liste de session. — V. n° 22.

N° 15.

Liste générale des jurés.

Tous les ans, dans chaque département, le préfet rédige une liste où sont inscrits tous les individus qui peuvent être jurés. Cette liste est divisée en deux parties, et quelquefois même en trois dans le cas prévu au n° 9.

La première partie comprend tous les individus qui satisfont aux conditions requises pour faire partie des colléges électoraux de département.

La deuxième partie comprend 1° tous les individus, désignés au n° 8 ci-dessus, qui peuvent être jurés, sans égard aux contributions qu'ils paient; 2° les électeurs qui ont leur domicile réel dans ce département quoiqu'ils exercent leurs droits électoraux dans un autre département.

Une troisième partie est quelquefois ajoutée à cette liste : c'est lorsque les individus inscrits sur les deux premières parties ne s'élèvent pas au nombre de 800. (Cod. inst. cr. 382). — V. n° 9.

Cette *liste générale* est imprimée; elle est affichée au plus tard le 15 août au chef-lieu de toutes les communes du département. (Cod. inst. cr. 383.)

Celui qui est illégalement inscrit, rayé ou omis sur cette liste peut réclamer jusqu'au 30 septembre.

Sa demande est portée devant le conseil de préfecture.

La décision lui est notifiée : il peut en faire appel devant la cour royale du ressort; il peut ensuite se pourvoir devant la cour de cassation.

Tous les actes de ces procédures sont exempts de droits de timbre et d'enregistrement.

N° 16.

Liste annuelle du jury.

Après le 30 septembre de chaque année, le préfet compose la liste sur laquelle seront pris tous les jurés de l'année suivante.

Cette liste est composée du quart des listes générales, sans pouvoir excéder le nombre de 300 noms (excepté dans le département de la Seine).

La liste *annuelle* est divisée en deux parties. Sur la première sont inscrits tous les individus qu'a choisis le préfet, sans distinction entre ceux qui habitent le chef-lieu et ceux qui habitent dans les autres lieux du département. La seconde partie comprend ceux des individus, portés sur la première partie, qui habitent dans la ville où se tiennent les assises.

Cette liste n'est jamais rendue publique.

Toute réclamation contre sa composition est impossible. Mais, si le préfet, contrairement aux dispositions du dernier paragraphe de l'art. 387 Cod. inst. cr., a porté deux ans de suite le même individu sur cette liste, cette erreur n'est connue du juré que par sa convocation : il doit présenter sa réclamation devant la cour d'assises, qui le dispensera. — V. *Appel avant tour,* n° 31.

N° 17.

Liste des quarante jurés. Jurés titulaires, jurés supplémentaires.

Dix jours au moins avant l'ouverture de la session, le premier président de la cour royale, en audience publique, procède, par la voie du sort, à la désignation des quarante jurés qui seront appelés à cette session. Ce tirage est opéré sur la liste *annuelle.*

Sur la première partie de cette liste il tire trente-six noms : ce sont les *jurés titulaires.* Sur la deuxième partie de cette liste il tire quatre noms : ce sont les *jurés supplémentaires.*

Si le juré désigné par le sort a quelque réclamation à faire, il doit s'adresser à la cour d'assises, qui seule peut y faire droit. — V. *Dispenses,* n° 25.

N° 18.

Convocation des quarante jurés.

Huitaine au moins avant le jour de l'ouverture de la session, le préfet doit faire notifier à chacun des trente-six jurés titulaires et des quatre jurés supplémentaires un extrait de la liste des quarante qui constate que son nom y est compris. (C. inst. cr. 389.)

Le jour et même l'heure de l'ouverture de la session doivent être mentionnés dans cette notification.

CHAPITRE III.

SESSIONS DES ASSISES.

Nombre des sessions de chaque année. — V. n° 19.

Session extraordinaire. — V. n° 19.

Ouverture de la session. — V. n° 20.

Durée, clôture de la session. — V. n° 119.

Exactitude des jurés pendant la session. — V. n° 21.

Composition de la liste du jury de la session. — V. n° 22.

N° 19.

Nombre des sessions de chaque année. Session extraordinaire.

Ordinairement chaque département n'a que quatre sessions d'assises par an. Elles se tiennent de trois en trois mois.

Mais, si le besoin l'exige, il peut y avoir une ou plusieurs assises extraordinaires. (C. inst. cr. 259.)

Pour chaque session extraordinaire le premier président procède à la désignation de nouveaux jurés. Les jurés qui ont fait le service de la première session du trimestre ne sont pas chargés de la session extraordinaire.

N° 20.

Ouverture de la session des assises.

L'époque de l'ouverture de la session est fixée par une ordonnance du premier président de la cour royale.

Chaque juré doit être exact à se présenter au jour et à l'heure indiqués, sous peine d'être condamné comme défaillant. — V. n° 23.

N° 21.

Exactitude des jurés.

Il importe aux jurés de ne pas voir abusivement prolonger la durée des assises. Si, à chaque audience, pour attendre un témoin, un juge, un juré retardataire, on perd un quart d'heure, la session peut durer plusieurs jours de plus. L'exactitude est un devoir que chaque personne appelée aux assises doit fidèlement accomplir.

L'exactitude, si utile dans ses résultats, est d'une pratique moins difficile qu'on ne le croit vulgairement. Il suffit d'une ferme volonté. Qu'on ait la force de congédier une visite, d'ajourner une affaire; qu'on se règle sur l'horloge du palais : on arrivera toujours à l'heure convenue.

Le juré auquel on pourrait reprocher une négligence habituelle serait à la fin considéré comme un juré défaillant. — V. n° 23.

N° 22.

Composition de la liste du jury pour le service de la session.

Si les trente-six jurés *titulaires* ou si au moins trente d'entre eux sont présents et ne sont pas dispensés, aucun des quatre jurés *supplémentaires* n'est appelé. Si, dès l'ouverture de la session, ou si, pendant sa durée, le nombre des jurés titulaires est réduit à vingt-neuf, à vingt-huit, à vingt-sept, à vingt-six, on appelle, pour compléter le nombre de trente, le premier, le deuxième, le troisième et enfin le quatrième des jurés supplémentaires. (Cod. inst. cr. 393.)

Si, des quarante jurés titulaires et supplémentaires, il ne s'en présente que vingt ou un moindre nombre, après la condamnation des jurés défaillants (V. n° 23), et le jugement des dispenses demandées (V. n° 25), le président complète le nombre de trente par des jurés *remplaçants :* ces jurés sont désignés par la voie du sort parmi les habitants de la ville où se tiennent les assises qui sont inscrits sur la deuxième partie de la *liste annuelle* (V. n° 16) ; si cette deuxième partie de la liste annuelle était épuisée, le président tirerait au sort des jurés suppléants parmi tous les habitants de la ville où siégent les assises qui sont inscrits sur la liste générale.

Si, pendant la session, l'un des quarante jurés dont l'absence avait fait appeler un juré remplaçant vient à se présenter, le juré remplaçant se trouve libéré.

Si l'absence d'un des trente-six jurés titulaires avait fait appeler un juré supplémentaire, celui-ci serait libéré, au moins momentanément, si le juré titulaire se présentait. Quand les trente-six jurés titulaires seraient tous présents, les quatre jurés supplémentaires ne devraient pas se dispenser d'assister aux audiences. A chaque instant quelque événement peut survenir qui rende leur présence nécessaire. Alors leur absence les ferait condamner comme *défaillants*. — V. n° 23.

Condamnation des jurés défaillants. — V. n° 23.

Opposition à cette condamnation. — V. n° 24.

Jugement des dispenses demandées. — V. n° 25.

Rappel des jurés condamnés ou dispensés. — V. n° 35.

Causes de dispenses survenues pendant la session. — V. n° 36.

N° 23.

Condamnation des jurés défaillants.

Sont considérés comme *défaillants* les jurés qui, sans excuse reconnue légitime par la cour, ne se présentent pas au jour et à l'heure indiqués dans la notification qui leur a été donnée.

La loi assimile au juré *défaillant* le juré qui, s'étant rendu à son poste, se retire avant l'expiration de ses fonctions. (Cod. inst. cr. 398.)

La cour pourrait même considérer comme défaillant le juré qui négligerait de se rendre aux heures convenues pour chaque séance (V. *Exactitude*), et le juré qui se mettrait volontairement hors d'état de remplir ses fonctions.

La cour n'est pas libre : elle est forcée de condamner le juré défaillant. La peine est une amende de 500 fr. pour la première fois; de 1,000 fr. pour la seconde, et de 1,500 fr. pour la troisième. (C. inst. cr. 396.)

Il faut observer que ces amendes sont toujours

augmentées d'un décime par franc. Ainsi les condamnations sont réellement de 550 fr., de 1,100 fr. et de 1,650 fr.

L'arrêt qui condamne le juré à l'amende le condamne aussi aux frais.

Le nom du juré condamné pour la première et la deuxième fois est transmis au premier président comme celui du juré temporairement dispensé. — V. n° 35.

Celui qui encourt une troisième condamnation est déclaré incapable d'exercer à l'avenir les fonctions de juré; l'arrêt est imprimé et affiché à ses frais.

N° 24.

Opposition à l'arrêt qui condamne un juré défaillant.

Le juré condamné comme défaillant a le droit de former opposition à l'arrêt prononcé contre lui.

L'opposition doit être notifiée au procureur du roi dans les cinq jours de la signification de l'arrêt de condamnation. Ces délais sont augmentés d'un jour par cinq myriamètres entre le domicile du juré et le siége de la cour d'assises.

Le juré qui reçoit la signification de l'arrêt de condamnation doit se hâter de former opposition.

Il doit chercher à éviter une déchéance qui forcerait la cour à rejeter la réclamation la mieux fondée. Les cours d'assises accueillent le plus favorablement possible les réclamations des jurés; mais, dans quelques circonstances graves, elles ne peuvent pas user d'indulgence.

Si le juré connaît sa condamnation avant qu'elle lui soit légalement signifiée, il doit s'empresser de présenter à la cour sa justification. C'est le moyen d'éviter les frais de la signification, et même quelquefois ceux de l'expédition de l'arrêt, qui pourraient rester à sa charge.

L'opposition d'un juré peut être formée par un acte d'huissier signifié au procureur du roi près la cour d'assises; elle emporte de plein droit citation à la première audience.

Si la session pendant laquelle l'arrêt de condamnation a été prononcé se trouve close, l'opposition est jugée à la session suivante.

Il n'est pas indispensable, mais il est prudent pour le juré, de se faire assister d'un avocat.

Le juré peut se présenter en personne, et réclamer de vive voix la réformation de l'arrêt (V. n° 38); il peut s'adresser par écrit à la cour d'assises. — V. n° 39.

N° 25.

Jugement des dispenses demandées par les jurés.

Les fonctions de juré imposent des sacrifices souvent onéreux à ceux qui sont appelés à les remplir. Pour la plupart d'entre eux il faut s'éloigner de sa famille, s'établir à grands frais au chef-lieu du département, abandonner le soin de ses affaires. A ces premiers inconvénients on peut ajouter encore les soucis dont il est difficile de se défendre lorsqu'on se trouve arbitre de l'honneur, de la liberté, de la vie de ses concitoyens.

C'est parce que ces devoirs sont pénibles qu'ils doivent être répartis également entre tous ceux qui peuvent les remplir, et qu'une amende considérable est prononcée contre ceux qui chercheraient à s'en affranchir injustement. Mais la loi n'a pas méconnu que diverses causes légitimes peuvent empêcher un juré de se rendre au poste qui lui est assigné. A l'article 397 du Cod. d'inst. cr. on trouve cette disposition : « Seront exceptés ceux qui justifieront » qu'ils étaient dans l'impossibilité de se rendre » au jour indiqué. La cour prononcera sur les » excuses proposées ».

Causes qui peuvent faire dispenser un juré. — V. n° 26.

Formalités de la demande du juré. — V. n° 37.

Rappel du juré dispensé. — V. n° 35.

N° 26.

Causes qui peuvent faire dispenser un juré.

Les causes qui peuvent faire dispenser un individu de remplir les fonctions de juré sont facultatives (V. n° 27) ou obligées (V. n° 34) ; elles sont temporaires ou permanentes. — V. n° 35.

N° 27.

Causes de dispenses facultatives.

Ce sont celles qui dépendent de la volonté plus ou moins libre du juré ; telles sont :

1° Des affaires majeures — V. n° 28 ;

2° Une maladie grave — V. n° 29 ;

3° Un appel hors de tour — V. n° 31 ;

4° Le service militaire — V. n° 32 ;

5° Un voyage nécessaire — V. n° 30 ;

6° Le domicile réel dans un autre département — V. n° 10 ;

7° L'age de soixante-dix ans — V. n° 33 ;

8° Les fonctions de conseiller d'état chargé d'une partie d'administration et de commissaire du roi près des administrations ou régies. (Cod. inst. cr. 383.)

N° 28.

Affaires majeures qui peuvent servir au juré de motif de dispense.

Le médecin, l'avocat, l'avoué, le notaire, éprouvent nécessairement un préjudice par leur séjour hors de leur domicile. Il en est de même des négociants, des fabricants, des agriculteurs. Il est peu de jurés qui ne laissent quelques affaires en souffrance lorsqu'ils se rendent aux assises. Mais cette suspension momentanée de ses occupations ne suffit pas pour faire dispenser un juré. Il faut des affaires dont le retard lui causerait un préjudice irréparable et majeur.

La seule allégation du juré ne suffirait pas pour faire accorder sa dispense. Il faut qu'il produise un certificat qui atteste la vérité de l'excuse proposée. Ce certificat peut être délivré par le maire de la commune (V. n° 40) ou par quelques habitants recommandables de la contrée. Pour la forme de ce certificat — V. n° 42.

N° 29.

Maladie qui peut servir de motif de dispense au juré.

Une légère indisposition ne serait pas admise pour excuse, mais la loi n'a certes pas voulu mettre le juré dans l'alternative d'exposer sa vie ou de payer une amende considérable. Le juré qui serait atteint de cécité ou de surdité, même quand cette infirmité ne serait pas complète, ne pourrait jamais bien remplir ses fonctions. Il doit demander à être dispensé.

Le juré doit faire constater sa maladie par un certificat du médecin. — V. n° 41.

S'il s'agissait d'une maladie dont la gravité fût bien connue du public, un certificat du maire pourrait suffire. — V. n° 40.

Ce serait trop exiger d'un juré que de l'obliger à quitter sa femme, son père, son enfant dangereusement malade. Cette position, si elle est constatée, servira de motif de dispense au juré. Dans ce cas il doit produire un certificat du médecin pour constater la maladie (V. n° 41), et un certificat du maire pour prouver la parenté. — V. n° 40.

Ces dispenses sont ordinairement demandées par écrit. — V. n° 39.

N° 30.

Voyage qui peut servir au juré de motif de dispense.

La cour n'admettrait pas pour excuse un voyage commencé après la convocation du juré, à moins qu'il ne rentrât dans les cas prévus au n° 28. Elle refuserait aussi d'admettre un voyage qui paraîtrait prolongé dans le dessein de laisser arriver et passer la session.

Les justifications que le juré doit produire sont les mêmes qu'au n° 28.

N° 31.

Appel d'un juré hors de tour. Juré titulaire, juré supplémentaire, juré remplaçant.

On ne peut être deux années consécutives porté sur la liste annuelle, ni désigné comme juré. S'il en était autrement, on pourrait se faire dispenser.

Le juré porté sur la liste annuelle (V. n° 16) ne doit être appelé qu'une seule fois dans le cours de l'année. Cependant, dans le cas d'une session extraordinaire, il peut être appelé une seconde fois, soit comme juré titulaire, soit comme juré supplémentaire.

Quant aux *jurés remplaçants*, ils peuvent être appelés plusieurs fois dans la même année; ils peuvent être appelés plusieurs années de suite.

Celui qui, appelé comme juré titulaire ou comme juré supplémentaire, s'est fait dispenser au commencement d'une session, ou qui a été condamné comme défaillant, est censé ne pas avoir été appelé; il ne jouit pas du privilége de cette disposition de la loi. — V. n° 35.

Le juré qui est appelé hors de tour peut se faire dispenser, ou renoncer à ce privilége. S'il veut en jouir, sa demande est portée devant la cour d'assises; s'il la présente en personne (V. n° 38); s'il la présente par écrit, — V. n° 39.

N° 32.

Service militaire qui peut dispenser d'être juré.

Le militaire en activité de service, s'il paie le cens voulu par la loi, doit être inscrit sur la *liste générale* (V. n° 15). Le préfet peut le porter sur la liste annuelle (V. n° 16). Le sort peut alors le désigner pour être juré. Mais, s'il demande à être dispensé pour nécessité de service, il doit l'être.

Pour les formalités de la demande, — V. n° 38.

N° 33.

Juré septuagénaire.

A l'âge de soixante-dix ans accomplis un juré peut être dispensé s'il le demande. (C. inst. cr. 383.)

S'il résulte de la liste même du jury qu'il a

atteint sa soixante-onzième année, ce juré n'est obligé de produire aucune pièce à l'appui de sa demande.

Si la liste ne désigne pas son âge véritable, le juré doit présenter son acte de naissance (V. n° 43) et un certificat du maire qui constate l'identité. Pour ce certificat, — V. n° 40.

Si le juré présente en personne sa réclamation (V. n° 38); s'il la présente par écrit, — V. n° 39.

N° 34.

Causes obligées de dispense.

Dans plusieurs cas le concours d'un juré entraînerait la nullité de la décision à laquelle il aurait pris part. Il est nécessaire d'éviter cet inconvénient : le ministère public met tous ses soins à le prévenir. De sa part le juré qui sait que sa présence annulerait la procédure doit en informer la cour d'assises.

La nullité existerait non-seulement dans le cas où cet individu aurait été l'un des douze jurés de la cause, mais aussi dans le cas où, la liste de service de la session se trouvant réduite à trente jurés, il aurait été de ce nombre.

Si ce juré fait connaître son motif de dispense en personne et verbalement (V. n° 38); s'il le fait par écrit, — V. n° 39.

Les causes de dispense sont :

L'âge de moins de trente ans accomplis — V. n° 2;

La privation des droits politiques et civils — V. n° 3;

Les cas d'incapacité énoncés au n° 11;

Les cas d'incompatibilité absolue ou relative énoncés aux nos 13 et 14.

N° 35.

Causes temporaires, causes permanentes de dispense. Rappel du juré.

Le juré qui a fait admettre une cause permanente de dispense doit être affranchi pour l'avenir de tout service aux assises. Son nom devrait être transmis au préfet, qui, ainsi averti, ne porterait plus ce juré sur la liste annuelle.

Le juré dispensé pour une cause temporaire n'est libéré que pour la session. Son nom doit être, immédiatement après la session, transmis au premier président de la cour royale du ressort, qui le reporte sur la *liste annuelle* (V. n° 16); et, s'il ne reste plus de tirage à faire pour la même année, il ajoute ce nom à la liste de l'année suivante. (C. inst. cr. 391.)

N° 36.

Causes de dispense survenues dans le cours de la session.

Les mêmes causes qui, à l'ouverture de la session, peuvent faire dispenser un juré le font dispenser également lorsqu'elles surviennent pendant la session. La demande du juré doit être présentée et jugée de la même manière dans les deux cas.

N° 37.

Formalités de la demande du juré tendante à être dispensé.

Nulle formalité spéciale n'est prescrite par la loi. Il est inutile de recourir au ministère d'un avocat ou d'un avoué, qui entraînerait des frais.

La décision de la cour d'assises qui admet la demande est en dernier ressort. La décision qui la rejette, si elle est contradictoire, doit être exécutée par le juré qui participera aux travaux de la session. S'il s'y refusait, ou si la décision de la cour était rendue en son absence, il serait nécessairement considéré et condamné comme *juré défaillant* (V. n° 23). Alors il aurait le droit de revenir par opposition contre cette condamnation.— V. n° 24.

N° 38.

Formalités à remplir si le juré présente verbalement sa demande.

Avant l'appel qui précède le tirage du jury le juré demande au président l'autorisation de parler. Il convient qu'au préalable il ait averti le procureur du roi. Il expose à la cour les motifs sur lesquels il fonde sa demande; il présente les pièces à l'appui. Le ministère public donne ses conclusions, et la cour prononce.

Il n'en résulte aucun frais.

N° 39.

Formalités si le juré adresse par écrit sa demande à la cour.

La requête est écrite sur papier timbré : une feuille de 35 c. suffit. Elle n'est pas soumise à l'enregistrement.

Il n'est pas nécessaire qu'elle soit signée par un avoué. Le juré expose simplement le fait sur lequel il motive sa demande; il y joint les actes qui doivent en justifier la vérité.

Ces pièces sont adressées soit au président de la cour d'assises, soit au procureur du roi.

Le juré, pour cet envoi, peut employer la poste; il lui est facile d'éviter les frais ordinaires de port; mais il ne peut que s'adresser au procureur du roi. S'il habite dans le même département, il suffit qu'il écrive sur l'enveloppe l'adresse du procureur du roi, et qu'il ajoute ces mots : *Service des assises*. La lettre mise à la poste arrive sans frais au parquet.

Si le juré n'habite pas le même département, il faut qu'il remette sa lettre au juge de paix de son canton, qui la fera parvenir en franchise au procureur du roi près la cour d'assises.

N° 40.

Certificats des maires, juges de paix, etc.

Ces certificats doivent être écrits sur papier timbré : une feuille de 35 c. suffit; ils ne sont pas enregistrés ; ils ne procurent aucun émolument ni au secrétaire qui les écrit, ni au maire qui les signe. Ils sont revêtus sans frais du sceau de la mairie; lorsqu'ils sont produits hors de l'arrondissement, la signature du maire est légalisée par le sous-préfet; lorsqu'ils sont produits hors du département, la légalisation est donnée par le préfet. — V. n° 44.

N° 41.

Certificats des médecins.

Ils sont écrits sur papier timbré. Ils ne sont pas enregistrés.

Pour qu'ils fassent foi en justice il faut qu'ils

soient affirmés devant le juge de paix. Si le médecin se bornait à déclarer que son certificat est sincère, le vœu de la loi ne serait pas rempli : il faut une *affirmation* expresse, un serment.

Cette affirmation peut être conçue en ces termes :

« Devant nous....., juge de paix du canton d....., » département d....., a comparu M. (*les nom et* » *prénoms*), (médecin, ou chirurgien, ou officier » de santé), demeurant à....., qui, sous la foi du » serment, a affirmé que le certificat ci-dessus est » sincère et véritable.

» A le 1840. »

Le médecin et le juge de paix signent.

Le juge de paix y imprime son sceau.

L'affirmation est écrite sur la même feuille que le certificat.

Elle n'est pas enregistrée.

Elle ne procure aucun émolument ni au juge de paix ni au greffier.

Si le certificat est produit hors de l'arrondissement, la signature du juge de paix est légalisée par le président du tribunal de première instance. — V. n° 44.

N° 42.

Certificat ou attestation délivrée par les notables de la contrée.

Cet acte, qui, dans quelques cas, remplace le certificat du maire, doit être écrit sur une feuille de 35 c.; il n'est pas enregistré.

Les signatures sont certifiées sans frais par le maire.

La signature du maire est légalisée comme il est dit au n° 40.

N° 43.

Acte de naissance produit par les jurés.

Les jurés, pour constater soit qu'ils n'ont pas encore trente ans accomplis, soit qu'ils ont plus de soixante-dix ans, ont quelquefois besoin de produire leur acte de naissance. Cet acte peut être expédié soit par le maire de leur commune, soit par le greffier du tribunal de première instance; il est transcrit sur une feuille de 1 fr. 25 c.; il n'est pas enregistré.

Il est alloué, pour cette expédition, 75 c. à Paris, 50 c. dans les villes de 50,000 habitants, et 30 c. partout ailleurs.

Cet acte, s'il est produit hors de l'arrondissement, doit être légalisé par le président du tribunal de première instance. — V. n° 44.

N° 44.

Légalisation de la signature des greffiers, maires et juges de paix.

La légalisation par le préfet ou par le sous-préfet n'entraînera jamais aucun frais.

La légalisation du président du tribunal de première instance procure un émolument de 25 c. au greffier qui en écrit la formule et appose le sceau.

N° 45.

Peines contre le juré qui a allégué un faux motif de dispense.

Le juré qui, pour se faire dispenser du service des assises, a allégué une excuse reconnue fausse doit être condamné à un emprisonnement de six jours au moins, et qui peut être de deux mois, indépendamment de l'amende qui serait prononcée contre lui pour n'avoir pas comparu. (C. pén. 236.) Pour cette amende — V. n° 23.

CHAPITRE IV.

COMPOSITION DU JURY POUR LE JUGEMENT DE CHAQUE AFFAIRE.

N° 46.

Après que la cour a prononcé sur les demandes de dispense, et condamné, s'il y a lieu, les jurés défaillants, le président procède à la composition du jury qui doit juger la première affaire.

Nombre des jurés nécessaire pour former un jury. — V. n° 47.

Tirage au sort du jury. — V. n° 48.

Récusations. — V. n° 49.

Rang des jurés sur leur siége. — V. n° 55.

Chef du jury. — V. n° 56.

N° 47.

Nombre des jurés nécessaire pour former un jury. Jurés suppléants.

Douze jurés sont nécessaires pour composer le jury de chaque affaire. (Cod. inst. cr. 394.)

Lorsqu'un procès criminel paraît de nature à entraîner de longs débats, la cour d'assises peut ordonner qu'il sera en outre tiré au sort un ou deux *jurés suppléants*. Ces jurés assistent à tous les débats. Si l'un des douze premiers jurés se trouve empêché de suivre la cause jusqu'à la déclaration définitive, il est remplacé par le premier juré suppléant; si un second juré se trouve aussi empêché, le second suppléant le remplace. (Cod. inst. cr. 394.)

Les jurés suppléants sont, pendant les débats, entièrement assimilés aux douze premiers jurés : ils prennent place sur les mêmes bancs; ils prêtent le serment; ils peuvent adresser des interpellations (V. n° 68); ils prennent des notes; ils examinent les pièces de conviction. Ils doivent s'abstenir de toute communication. — V. n° 96.

Mais, lorsque les douze jurés entrent dans la chambre de leurs délibérations, les suppléants se séparent d'eux, sans cependant se trouver libérés. Pendant la délibération ils sont placés dans une chambre particulière, hors de toute communication. Il faut qu'ils puissent toujours remplacer celui des douze premiers jurés qui se trouverait hors d'état de continuer ses fonctions.

N° 48.

Tirage au sort du jury.

Sont présents trente jurés au moins (V. n° 22), l'accusé, son conseil, le procureur du roi et le greffier; le président est seul, il n'est pas assisté des autres membres de la cour d'assises.

Ce tirage est fait soit dans la chambre du conseil, soit, et le plus souvent, dans la salle d'audience, mais en l'absence du public.

Le greffier fait l'appel de tous les jurés maintenus sur la liste de service. Le premier juré dont le nom est appelé répond à l'instant pour attester sa présence. Aussitôt le président met dans l'urne un bulletin sur lequel est inscrit le nom de ce juré. On procède ainsi pour chacun des autres.

Pendant cet appel les jurés restent assis et couverts.

Le président mêle ces bulletins dans l'urne.

Il en extrait un; il lit à haute voix le nom qu'il porte. Le juré qu'il désigne doit se lever et rester un moment debout. S'il est récusé (V. n° 53), il s'assied; s'il n'est pas récusé, et si le tirage se fait dans la salle d'audience, ce juré va prendre la première place sur les siéges destinés au jury.

Le président prend un second bulletin dans l'urne, il en donne lecture, et on procède comme pour le premier.

Chaque juré, en montant sur le siége, prend place à côté de celui qui vient d'être nommé avant lui.

L'opération est ainsi continuée jusqu'à ce qu'on ait obtenu sans réclamation le nombre de jurés qui doivent connaître de cette affaire.

A mesure que les jurés arrivent sur leurs siéges, ils peuvent s'asseoir et se couvrir.

Quelquefois, et pour libérer plus promptement une partie des jurés, surtout à la fin de la session, le président procède en même temps à la composition du jury pour deux affaires. Cette mesure n'est pas régulière; elle a entraîné quelquefois la cassation des arrêts. Il est prudent de s'en abstenir.

N° 49.

Récusation des jurés.

Droit de récusation. — V. n° 50.
Formalités de la récusation. — V. n° 53.
Moment où elle doit être faite. — V. n° 52.
Nombre des récusations permises. — V. n° 51.
Réserve que doivent s'imposer les jurés à l'égard des récusations. — V. n° 54.

N° 50.

Droit de récusation.

Le ministère public et l'accusé ont le droit de récuser un certain nombre de jurés. Ce droit est égal entre eux; mais les accusés, quel que soit leur nombre, ne peuvent pas exercer plus de récusations que s'il n'y en avait qu'un seul. Ces accusés doivent se concerter pour exercer les récusations qui leur sont permises.

Le ministère public et l'accusé peuvent exercer un égal nombre de récusations. Cependant, si le nombre des récusations possibles est impair, l'accusé peut en exercer une de plus. (C. inst. cr. 401 et 402.)

N° 51.

Nombre des récusations permises.

Le tirage au sort ne s'opère jamais sur plus de trente-six et jamais sur moins de trente jurés.

Quand le ministère public n'exercerait aucune des récusations qui lui sont permises, l'accusé ne pourrait dépasser le nombre de celles qui lui sont attribuées, et réciproquement.

Tableau du nombre des récusations qui peuvent être exercées

Lorsque les jurés sont au nombre de	Par l'accusé s'il faut			Par le procureur du roi s'il faut		
	12	13	14 jurés.	12	13	14 jurés.
36	12	12	11	12	11	11
35	12	11	11	11	11	10
34	11	11	10	11	10	10
33	11	10	10	10	10	9
32	10	10	9	10	9	9
31	10	9	9	9	9	8
30	9	9	8	9	8	8

N° 52.

Quand doivent être faites les récusations.

C'est au moment même où le nom du juré, sortant de l'urne, est proclamé par le président.

Le président laisse toujours un intervalle entre l'appel du premier juré et l'appel du juré suivant. Pendant ce temps l'accusé et le ministère public réfléchissent sur l'opportunité de la récusation; mais, aussitôt que le président a proclamé le nom du second juré, celui qui le précède ne peut plus être récusé.

N° 53.

Formalités de la récusation.

Aussitôt que le président proclame le nom qui sort de l'urne, le juré doit se lever et se tenir debout. Cette précaution peut empêcher des erreurs qu'entraînerait la simple connaissance du nom du juré. D'ailleurs c'est quelquefois sur la seule physionomie d'un juré que l'accusé se décide à l'accepter pour son juge ou à le récuser.

C'est l'accusé qui doit le premier se prononcer. S'il accepte ce juré, il n'a besoin de rien dire : son silence est pris pour une acceptation. S'il ne l'accepte pas, il se borne à dire : *Je le récuse,* ou *récusé.* La loi lui défend d'exprimer et même d'indiquer les motifs de sa récusation. L'accusé peut exercer lui-même ses récusations, il peut confier ce soin à son défenseur.

Le juré qui n'est pas récusé par l'accusé peut l'être par le procureur du roi. Les motifs de cette récusation doivent aussi rester inconnus.

Ces motifs sont si divers que personne ne peut être certain de les connaître. Les jurés n'auraient pas raison de se formaliser d'une récusation.

Le juré que l'accusé ou le procureur du roi vient de récuser doit s'asseoir; celui qui n'a pas été récusé va prendre place sur le siége du jury. — V. n° 55.

N° 54.

Réserve que doivent s'imposer les jurés par rapport aux récusations.

Les jurés doivent s'abstenir de toutes sollicitations pour obtenir une récusation soit auprès de l'accusé, soit auprès du ministère public. Ils attendent avec résignation la décision du sort, et, par aucun mot, par aucun geste, aucun signe, ils ne témoignent le désir d'être récusés ou le chagrin d'être désignés.

N° 55.

Rang des jurés sur leur siége.

Les jurés doivent se placer sur le siége qui leur est destiné dans l'ordre où ils ont été désignés par le sort. (C. inst. cr. 309.)

Les jurés suppléants prennent place sur le même siége à la suite des douze premiers jurés.

Pendant tous les débats, et même lorsqu'ils rentrent de la chambre de leurs délibérations, les jurés doivent conserver cet ordre. Néanmoins, s'ils ont choisi un nouveau chef (V. n° 57), celui-ci prend la première place; l'ancien chef du jury prend la seconde; tous les jurés descendent d'un rang jusqu'à celui qu'occupait le nouveau chef.

N° 56.

Chef du jury.

C'est le premier des douze jurés que le sort a

désignés. (Cod. nst. cr. 342.) Ce chef peut être remplacé.

Nomination d'un nouveau chef du jury. — V. n° 57.

Fonctions du chef du jury. — V. n° 58.

N° 57.

Nomination d'un nouveau chef du jury.

Les jurés ne peuvent, pendant les débats, substituer un nouveau chef à celui que le sort leur avait donné; mais ils le peuvent aussitôt qu'ils sont entrés dans la chambre de leurs délibérations; ils le peuvent soit à l'instant même où ils y rentrent, soit pendant tout le temps que dure leur délibération.

Le consentement de celui qu'on veut remplacer n'est pas nécessaire; mais il faut le consentement de celui qu'on veut lui substituer. (C. inst. cr. 342.)

La désignation du nouveau chef est faite à la majorité des voix.

Les jurés ne rédigent aucun acte pour constater cette nomination. Il n'est même pas nécessaire de la mentionner dans les réponses écrites du jury.

Dans aucun cas les motifs de ce changement ne doivent être connus du public.

Avant de donner lecture des questions et des réponses du jury (V. n° 113) le nouveau chef doit dire : *J'ai été nommé par mes collègues pour remplacer le chef du jury désigné par le sort.*

Le greffier fait, sur le procès-verbal de la séance, mention de cette déclaration.

N° 58.

Fonctions du chef du jury.

Cette qualité n'attribue à celui qui en est investi

aucune suprématie sur ses collègues; tout ce qu'il y a de spécial dans cette mission ne commence qu'au moment où le président remet au jury les questions à décider et les pièces de l'instruction.

Dans la chambre des délibérations le chef du jury remplit les fonctions que, dans toute assemblée délibérante, exercent le président et le secrétaire.

C'est lui qui, pendant la délibération, maintient l'ordre, accorde la parole, veille à la fidèle observation des règles prescrites par la loi. Il donne lecture aux jurés de l'instruction contenue dans l'art. 342 du Cod. d'inst. cr.; il fait accomplir les formalités prescrites pour le scrutin secret (V. n° 94); c'est lui qui écrit et qui signe le résultat de la délibération (V. n°s 110 et 112), et qui en donne lecture. — V. n° 113.

CHAPITRE V.

SERMENT DE JURÉS.

Après la désignation du jury qui doit juger une affaire, l'audience devient publique; la cour, le ministère public, les jurés, sont sur leurs siéges; l'accusé est libre, et seulement entouré de gardes pour empêcher son évasion; il est assisté de son défenseur. Le public est admis dans la salle d'audience. Le président demande à l'accusé ses nom, profession, etc. Il avertit le défenseur qu'il ne doit rien dire contre sa conscience et contre le respect dû aux lois, qu'il doit s'exprimer avec décence et modération.

Alors il s'adresse aux jurés; il demande et il reçoit leur serment.

Solennités de ce serment. — V. n° 59.

Formule de ce serment. — V. n° 60.

N° 59.

Solennités du serment des jurés.

En présence de la cour, de l'accusé, du public, le président invite les jurés à se tenir debout et découverts.

Il prononce à haute voix la formule du serment.

Il nomme successivement chaque juré, qui aussitôt lève la main droite, et répond : *Je le jure.*

Les jurés suppléants (V. n° 47) prêtent aussi serment.

Après que le dernier d'entre eux a fait le serment, tous les jurés doivent s'asseoir. Pendant tous les débats ils peuvent rester couverts.

N° 60.

Formule du serment des jurés.

Vous jurez et promettez devant Dieu et devant les hommes d'examiner avec l'attention la plus scrupuleuse les charges qui sont portées contre *N*... (l'accusé);

De ne trahir ni les intérêts de l'accusé, ni ceux de la société qui l'accuse:

De ne communiquer avec personne jusqu'après votre déclaration;

De n'écouter ni la haine ou la méchanceté, ni la crainte ou l'affection;

De vous décider, d'après les charges et les moyens de défense, suivant votre conscience et votre intime conviction;

Avec l'impartialité et la fermeté qui conviennent à un homme probe et libre.

Tous les devoirs des jurés sont écrits dans ces lignes; celui qui les aura bien méditées, celui qui les aura bien comprises, remplira dignement les hautes fonctions que la loi lui confie :

« Vous jurez et promettez devant Dieu et » devant les hommes :.... »

Vous engagez votre conscience et votre honneur.

« D'écouter avec l'attention la plus scrupuleuse » les charges qui sont portées contre l'accusé. »

Tout ce qui est dit, tout ce qui se passe aux débats, doit être scrupuleusement recueilli par les jurés ; la plus courte distraction pourrait leur faire perdre un moyen important, et pourrait compromettre le juste succès de l'accusation ou de la défense.

L'attention paraissait à d'Aguesseau d'une bien haute importance pour l'accomplissement des devoirs du juge, puisqu'il en faisait le sujet d'une de ces mémorables mercuriales qu'il adressa aux chambres assemblées du parlement de Paris.

« De ne trahir ni les intérêts de l'accusé, ni » ceux de la société qui l'accuse. »

Avant tout il faut que l'innocence injustement accusée triomphe. La condamnation d'un homme innocent porterait plus de perturbation dans la société que l'impunité de mille coupables.

Mais il faut aussi que les intérêts de la société soient protégés. Ces intérêts exigent que le crime, lorsqu'il est avéré, ne reste pas impuni, et ils exigent que ce châtiment soit sévère si le crime est grand.

Un crime impuni devient trop souvent la cause

d'autres crimes; il donne une funeste confiance à ces hommes dont les mauvais penchants ne trouvent plus de frein dans la religion, dans la morale et la probité.

« *De ne communiquer avec personne jusqu'après* » *votre déclaration.* »

Les parents, les amis d'un accusé (et pourrait-on les en blâmer?) cherchent à parvenir jusqu'à ses juges; ils espèrent les émouvoir, leur inspirer de la compassion, et, il faut le dire, ils espèrent égarer leur justice.

Au milieu de ces obsessions la position du juré serait parfois cruelle : faudrait-il donner de vaines espérances? pourrait-on rebuter des larmes qui ne sont que trop légitimes? La loi vient en aide aux jurés, elle les garantit de ces dangers; elle leur évite toutes sollicitations lorsqu'elle leur défend de communiquer avec personne.

» *De n'écouter ni la haine ou la méchanceté,* » *ni la crainte ou l'affection.* »

La haine ou la méchanceté ne saurait se présumer chez nos jurés. La crainte ne saurait pénétrer dans leur esprit. C'est d'un autre sentiment, c'est de l'affection que le juré aurait plutôt à se défendre. Mais le juré que l'affection ou la parenté unit à l'accusé ne doit pas rester son juge, il faut qu'il demande au procureur du roi une récusation qui ne lui sera pas refusée.

« *De vous décider d'après les charges et les* » *moyens de défense.* »

On a applaudi à la sagesse de quelques peuples de l'antiquité qui ne prenaient que des étrangers pour juges, parce que ces étrangers étaient libres de toute prévention. En montant sur le siége le juré doit oublier tout ce qu'il peut savoir déjà de la cause qu'il va juger; il ne doit jamais tenir compte que de ce qu'il apprend aux débats : cela seul a pu être contesté, cela seul se trouve vérifié.

Un dernier appel est enfin adressé aux sentiments généreux des jurés; ils promettent de juger « *avec l'impartialité et la fermeté qui con-* » *viennent à un homme probe et libre.* »

Voilà les devoirs que les jurés ont promis de remplir, et, pour l'accomplissement desquels ils ont engagé leur honneur et leur conscience.

CHAPITRE VI.

EXAMEN ET DÉBATS DEVANT LE JURY.

—

Publicité des débats. — V. n° 61.
Police de l'audience. — V. n° 62.
Tenue des jurés à l'audience. — V. n° 63.
Communications interdites. — V. n° 64.
Lecture de l'arrêt et de l'acte d'accusation. — V. n° 65.
Exposé du sujet de l'accusation. — V. n° 65.
Interrogatoire de l'accusé. — V. n° 66.
Interprête. — V. n° 66.
Déposition de chaque témoin. — V. n° 67.
Interpellations que peuvent faire les jurés. — V. n° 68.
Examen des pièces de conviction. — V. n° 72.
Pouvoir discrétionnaire du président. — V. n° 73.

Plaidoiries. — V. n° 74.
Clôture des débats. — V. n° 75.
Ouverture de nouveaux débats. — V. n° 75.
Suspension des débats. — V. n° 76.
Résumé du président. — n° 77.
Notes que peuvent tenir les jurés. — V. n° 78.
Lecture des questions à décider. — V. n° 79.
Avertissements que le président doit adresser aux jurés. — V. n° 80.
Remise aux jurés des questions et des pièces. — V. n° 81.

N° 61.

Publicité des débats.

Les débats sont publics à peine de nullité, à moins que cette publicité ne soit dangereuse pour l'ordre et les mœurs : dans ce cas la cour ordonne par arrêt que les débats auront lieu à huis clos. (Ch. const. 55.)

Ordinairement les membres du barreau et les jurés qui ne font pas partie du jury de cette affaire sont autorisés à rester dans la salle d'audience. Néanmoins les circonstances peuvent être telles que le président soit obligé de révoquer cette autorisation. Ces jurés doivent alors se retirer.

N° 62.

Police de l'audience.

Dans ces audiences où de si grands intérêts sont discutés il faut que le silence, que l'ordre, que les convenances soient religieusement observées : c'est au président de la cour d'assises que le maintien en est confié ; c'est lui qui a reçu de la loi les pouvoirs nécessaires. Le président a la police de l'audience. (Cod. inst. cr. 267.)

N° 63.

Tenue des jurés à l'audience.

Les jurés conservent toujours entre eux le rang qui leur a été assigné par le tirage (V. n° 55). Ils ne peuvent quitter même momentanément leur place sans l'autorisation du président.

Ils peuvent, à leur convenance, rester couverts.

Ils évitent avec le plus grand soin tout ce qui pourrait avoir l'apparence de la distraction ou de l'indifférence. Jamais, pendant les débats, soit dans leurs interpellations, et par des paroles plus ou moins significatives, soit de toute autre manière, ils ne laisseront soupçonner quelle est l'opinion qu'ils ont déjà conçue de la cause. Ils savent trop bien que, jusqu'à la fin des débats, cette opinion peut être modifiée ; qu'elle peut même être entièrement changée. Ils s'abstiendront de toute manifestation qui pourrait être inquiétante, surtout pour la défense.

Un juré, dans le cours des débats, avait manifesté son opinion. La cour d'assises annula les débats commencés, renvoya l'affaire à une autre session. Ce juré fut condamné à tous les frais qu'entraîna ce renvoi. (*Arrêt de la cour d'assises du Tarn*, 19 *mai* 1838.)

N° 64.

Communications interdites aux jurés pendant les débats.

Le serment des jurés les oblige de ne communiquer avec personne jusqu'après leur déclaration (V. n° 60). Cette prescription de la loi, entre autres avantages, garantit les jurés des sollicitations qui, lorsqu'elles n'égarent pas la justice, rendent au moins plus pénibles les devoirs du juge.

Autrefois, aussitôt qu'un juré se trouvait désigné pour le jugement d'une affaire, toute communication même avec sa famille lui était interdite. Les douze jurés étaient, pour ainsi dire, séquestrés de la société. Leurs repas et leurs lits étaient préparés dans une hôtellerie; des sentinelles veillaient aux portes pour assurer leurs isolement.

Ces anciennes rigueurs ne sont plus en usage. On se fie plus au serment des jurés qu'aux sentinelles qui veillaient autour d'eux; mais le devoir des jurés est toujours le même. Pendant les audiences ils doivent s'abstenir de tout entretien avec les témoins et avec le public. Un arrêt de cour d'assises a été cassé parce qu'un juré avait dit à voix basse quelques mots à un témoin.

Les jurés ne peuvent recevoir de lettre sur le siége.

Pour l'interdiction de toute communication pendant la délibération du jury, — V. n° 96.

N° 65.

Lecture de l'arrêt et de l'acte d'accusation. Exposé du procureur du roi.

Les jurés ne connaissent encore rien de l'affaire, si ce n'est le nom de l'accusé, lorsque le président ordonne au greffier de lire l'arrêt de renvoi aux assises et l'acte d'accusation.

C'est par cette lecture qu'ils connaîtront quels sont les faits qu'on impute à l'accusé, et quelles sont les principales charges qui sont produites contre lui. Les jurés doivent y porter toute leur attention. La distraction même la plus courte pourrait leur rendre difficile l'intelligence de la cause.

Ces deux actes, l'arrêt et l'acte d'accusation, contiennent ordinairement le récit des mêmes faits, l'exposé des mêmes charges : cette double lecture peut sembler une répétition superflue ; mais la loi l'a prescrite, et ce n'est pas sans motifs.

Il suffirait que, parmi les douze jurés, il en fût un seul dont l'intelligence, moins prompte, eût besoin de cette double lecture pour que la loi qui l'ordonne fût justifiée.

Après la lecture de ces deux actes la loi prescrit au procureur du roi d'exposer aux jurés le sujet de l'accusation (Cod. inst. cr. 315) ; mais bien souvent ce magistrat, assuré que les jurés sont assez éclairés sur l'objet des débats, s'abstient de ramener encore leur attention sur les faits énoncés dans les actes qu'ils viennent d'entendre lire.

N° 66.

Interrogatoire de l'accusé. Interprète.

Après l'exposé du procureur du roi le président fait sortir de la salle d'audience tous les témoins, soit à charge, soit à décharge. Il procède alors à l'interrogatoire de l'accusé.

Les jurés ont aussi le droit d'adresser des interpellations à l'accusé.

Quelquefois il est utile d'entendre l'un des accusés hors la présence des autres. Le président a seul le droit d'ordonner cette mesure ; les jurés peuvent l'inviter à l'employer. Mais le président est libre de s'y refuser.

Si l'un des membres de la cour ou si l'un des jurés n'entend pas le langage de l'accusé, le président nomme un interprète. (Cod. inst. cr. 332.)

Il en est de même si l'un des jurés, des membres

de la cour, ou si l'accusé n'entend pas le langage d'un témoin.

N° 67.

Déposition des témoins.

C'est presque toujours dans la déposition des témoins que les jurés trouvent les éléments de leur conviction pour ou contre l'accusé. Aussi ne peuvent-ils jamais accorder trop d'attention à cette importante partie des débats.

Si la déposition d'un témoin présente quelque opposition dans ses différentes parties; si elle n'est pas conforme à la déposition de quelque autre témoin ; si le témoin ne dépose pas avec assurance, avec précision, les jurés chercheront, autant que possible, à sortir de l'incertitude où ils doivent être. Ils usent alors du droit que leur donne la loi de faire des interpellations. Ils peuvent les adresser soit à ce témoin lui-même, soit à l'accusé, soit à d'autres témoins; mais ils ne doivent s'adresser qu'aux témoins déjà entendus.

N° 68.

Interpellations que les jurés peuvent faire.

Droit qu'ont les jurés de faire des interpellations. — V. n° 69.

Moment où ils peuvent les faire. — V. n° 70.

Formalités préalables à observer. — V. n° 71.

N° 69.

Droit qu'ont les jurés d'adresser des interpellations aux accusés et aux témoins.

L'art. 319 Cod. inst. cr. donne aux jurés le droit de demander aux accusés et aux témoins tous les éclaircissements qu'ils croient nécessaires pour la manifestation de la vérité.

Les jurés peuvent aussi inviter le président et le procureur du roi à leur fournir quelques renseignements, à leur donner quelques explications. Ordinairement il est satisfait à leur demande. S'il y a refus, ils ne doivent pas insister.

Le président de la cour d'assises a le droit de mettre un terme à des interpellations qui lui paraîtraient prolonger inutilement les débats.

Il est presque superflu de faire remarquer aux jurés que, dans toutes leurs observations, ils doivent se montrer graves et réservés; qu'il leur faut s'abstenir de toute expression pénible pour l'accusé ou pour les témoins; qu'ils doivent avec le plus grand soin éviter de laisser connaître l'opinion qu'ils peuvent avoir sur la cause ou sur l'accusé.

N° 70.

Moment où les jurés peuvent adresser des interpellations.

Le témoin ne doit jamais être interrompu dans sa déposition. (C. inst. cr. 319.) Les jurés doivent donc attendre que cette déposition soit terminée. Ils ne peuvent même faire leurs interpellations qu'après celles du président, des membres de la cour d'assises et du procureur du roi.

S'il s'agit d'interpellations à un témoin précédemment entendu, et qu'elles n'aient aucun rapport avec la déposition du témoin qui dépose actuellement, le juré doit attendre que cette déposition soit terminée.

S'il s'agit d'interpellations à l'accusé, les jurés peuvent les adresser soit lors de son interrogatoire

(V. n° 66), soit dans tout le cours des débats, mais en évitant toujours d'interrompre une déposition commencée.

N° 71.

Formalités à observer pour adresser ces interpellations.

Les jurés ne peuvent jamais prendre la parole sans en avoir obtenu l'autorisation du président, qui est libre d'accorder cette autorisation ou de la refuser. (C. inst. cr. 319.)

Ce n'est pas aux jurés seuls qu'est imposée cette obligation. Les autres membres de la cour et le procureur du roi lui-même y sont également soumis.

Les jurés, lorsqu'ils ont obtenu l'autorisation du président, peuvent adresser *directement* leurs interpellations soit à l'accusé, soit aux témoins.

N° 72.

Examen des pièces de conviction.

Les pièces relatives à l'accusation, et pouvant servir à conviction ou à décharge, sont présentées aux jurés, et soumises à leur examen.

Les jurés peuvent en demander la représentation aussi souvent qu'ils le croient nécessaire.

Ils peuvent aussi les examiner pendant leur délibération.

N° 73.

Pouvoir discrétionnaire du président.

L'art. 268 du Cod. inst. cr. investit le président, à titre de *pouvoir discrétionnaire*, d'une autorité qui lui permet de prendre sur lui tout ce qu'il croit utile pour découvrir la vérité. Ce pouvoir n'a d'autres limites que celles que tracent au président son honneur et sa conscience

Les jurés ne doivent jamais entraver l'exercice de ce pouvoir.

N° 74.

Plaidoiries.

Après l'audition de tous les témoins les plaidoiries commencent.

La parole est d'abord donnée à la partie civile s'il y en a dans la cause; après la partie civile le ministère public prend la parole.

Après le ministère public l'accusé ou son conseil présente les moyens de la défense.

La réplique est toujours permise.

L'accusé ou son conseil a toujours la parole le dernier.

On a prétendu que les dépositions des témoins étaient seules nécessaires pour fixer l'opinion des jurés; que les discours de l'accusation et de la défense occupaient inutilement l'attention et le temps des jurés. Dans quelques causes, pour quelques jurés, ce système peut être vrai. Mais, lorsqu'un grand nombre de témoins ont été entendus; lorsque des faits nombreux ont été produits, la discussion entre le ministère public et l'accusé peut être nécessaire.

Le plus souvent, devant les cours d'assises, la défense des accusés n'est, pour les membres du barreau, qu'un acte de dévouement aussi généreux que pénible. La bienveillance que le jury leur témoigne en les écoutant avec complaisance est presque toujours leur unique récompense.

Les jurés s'abstiennent toujours de donner

aucune marque d'improbation aux discours qui leur sont adressés.

N° 75.

Clôture des débats ; ouverture de nouveaux débats.

Après les plaidoiries le président déclare que les débats sont terminés. (C. inst. cr. 335.)

Alors toute interpellation tant aux témoins qu'aux accusés est interdite aux jurés.

Cependant, et dans certains cas qui ne peuvent se présenter que rarement, si le président reconnaît que des renseignements nouveaux sont nécessaires, il peut ouvrir de nouveau les débats.

N° 76.

Suspension des débats.

L'examen et les débats une fois commencés, la cause doit être continuée sans interruption jusque après la déclaration du jury.

Cependant le président peut suspendre les débats pendant le temps nécessaire au repos des juges, des jurés, des témoins et des accusés. (C. inst. cr. 353.)

Mais cette suspension ne peut plus avoir lieu lorsque les débats sont terminés, et que le président a fait son résumé.

Lorsqu'un juré éprouve la nécessité d'une suspension, il doit en prévenir le président.

N° 77.

Résumé du président.

L'art. 336 du Cod. inst. cr. impose au président de résumer l'affaire. Il doit faire remarquer aux jurés les principales preuves pour et contre l'accusé.

Les jurés ne trouveront jamais dans ce résumé ni des moyens nouveaux, ni la manifestation, même indirecte, de son opinion, que le président s'interdit toujours de produire. Mais cette analyse rapide des débats pourra fournir un utile secours à leur mémoire.

N° 78.

Notes que les jurés peuvent prendre.

Les jurés peuvent prendre par écrit note de tout ce qui leur paraît important aux débats, soit dans les déclarations des témoins et des accusés, soit dans les discours de l'accusation et de la défense, soit encore dans le résumé du président. La seule restriction qu'y mette la loi c'est que la discussion n'en soit pas interrompue. (C. inst. cr. 328.)

Le président fait distribuer aux jurés qui le demandent du papier, des plumes, et tout ce qui est nécessaire pour écrire ces notes.

N° 79.

Lecture des questions auxquelles le jury doit répondre.

Après son résumé le président donne publiquement lecture des questions qu'il soumet au jury.

Le ministère public et l'accusé peuvent contester, s'il y a lieu, la rédaction de ces questions.

Les jurés, s'ils le croient nécessaire, peuvent demander au président quelques explications sur les questions qui leur sont proposées.

N° 80.

Observations, avertissements, que le président doit adresser aux jurés.

L'art. 336 Cod. inst. cr. prescrit au président de rappeler aux jurés les fonctions qu'ils ont a remplir. Le serment qu'a fait chaque juré en montant sur le siége lui trace ses devoirs; le président n'a qu'à lui en renouveler le souvenir.

A peine de nullité, le président doit avertir le jury que, s'il pense, à la majorité, qu'il existe, en faveur d'un accusé reconnu coupable, des circonstances atténuantes, il doit en faire mention en ces termes : « *A la majorité il y a des circon-» stances atténuantes en faveur de l'accusé.* » (C. inst. cr. 341.)

Le président avertit aussi les jurés que leur vote doit avoir lieu au scrutin secret. (C. inst. cr. 341.) Il les avertit encore que, si l'accusé n'est déclaré coupable sur le fait principal qu'à la *simple* majorité, ils doivent en faire mention en tête de la déclaration. — V. n° 85.

Ces observations seront toujours favorablement écoutées par les jurés, qui savent que le président ne fait qu'obéir à une prescription rigoureuse de la loi.

N° 81.

Remise aux jurés des questions et des pièces du procès.

Le président remet aux jurés, dans la personne de leur chef, les questions qu'ils doivent résoudre; il leur remet aussi les procès-verbaux qui constatent le crime et toutes les pièces du procès autres que les déclarations écrites des témoins. (C. inst. cr. 341.)

Les jurés quittent alors la salle d'audience; ils sont immédiatement conduits dans la chambre de leurs délibérations.

Pour les jurés suppléants, — V. n° 47.

La gendarmerie, sur l'ordre formel du président, veille sur les issues de cette chambre.

CHAPITRE VII.

DÉLIBÉRATION DU JURY.

Ordre à suivre dans cette délibération. — V. n° 82.

Discussion permise dans cette délibération. — V. n° 83.

Position des questions par le chef du jury. — V. n° 84.

Fait principal, circonstances aggravantes. — V. n° 85.

Questions d'excuse, de discernement. — V. n° 86.

Questions complexes. — V. n° 87.

Questions qu'il est inutile de résoudre. — V. n° 88.

Vote sur les circonstances atténuantes. — V. n° 89.

Vote au scrutin secret. — V. n° 92.

Communication avec le président de la cour d'assises. — V. n° 96.

Communications interdites. — V. n° 96.

Délibération nouvelle. — V. n° 97.

Secret des délibérations du jury. — V. n° 98.

Rentrée des jurés à l'audience. — V. n° 113.

N° 82.

Ordre et règles à suivre dans la délibération du jury.

Les jurés, lorsqu'ils sont réunis dans la chambre de leurs délibérations, et que les portes en sont closes, peuvent procéder de suite, s'ils le croient nécessaire, à la désignation d'un nouveau chef. — V. n° 57.

Le chef du jury lit ou fait lire à haute voix l'instruction écrite dans l'art. 342 Cod. inst. cr. Cette instruction est affichée dans la chambre du jury. Elle est conçue en ces termes :

« La loi ne demande pas compte aux jurés des » moyens par lesquels ils se sont convaincus; elle » ne leur prescrit point de règles desquelles ils » doivent faire particulièrement dépendre la plé» nitude et la suffisance d'une preuve : elle leur » prescrit de s'interroger eux-mêmes dans le silence » et le recueillement, et de chercher, dans la » sincérité de leur conscience, quelle impression » ont faite sur leur raison les preuves rapportées » contre l'accusé et les moyens de sa défense. La » loi ne leur dit point : *Vous tiendrez pour* » *vrai tout fait attesté par tel ou tel nombre de* » *témoins;* elle ne leur dit pas non plus : *Vous ne* » *regarderez pas comme suffisamment établie* » *toute preuve qui ne sera pas formée de tel procès-* » *verbal, de telles pièces, de tant de témoins ou* » *de tant d'indices;* elle ne leur fait que cette seule » question, qui renferme toute la mesure de leurs » devoirs : *Avez-vous une intime conviction?* — » Ce qu'il est bien essentiel de ne pas perdre de » vue c'est que toute la délibération du jury porte

» sur l'acte d'accusation : c'est aux faits qui le » constituent et qui en dépendent qu'ils doivent » uniquement s'attacher; et ils manquent à leur » premier devoir lorsque, pensant aux dispositions » des lois pénales, ils considèrent les suites que » pourra avoir, par rapport à l'accusé, la déclara- » tion qu'ils ont à faire. Leur mission n'a pas » pour objet la poursuite ni la punition des délits; » ils ne sont appelés que pour décider si l'accusé » est ou non coupable du crime qu'on lui impute. »

Avec cette instruction est affichée la loi du 13 mars 1836, dont il importe aux jurés de prendre connaissance.

Cette instruction contient les règles que la loi prescrit aux jurés: elle doit être étudiée et méditée pour qu'elle soit exactement exécutée.

Dans notre ancien droit criminel il n'était pas facile d'apprécier exactement les preuves pour ou contre l'accusation.

Tout l'ancien système est détruit par la loi nouvelle. Le juré n'a plus besoin d'autres lumières que de celles de la raison et du bon sens.

N° 83.

Discussion permise dans la délibération du jury.

On aurait pu croire que, en prescrivant le vote au scrutin secret, la loi du 9 septembre 1835 interdirait toute discussion entre les jurés : la discussion en effet peut enlever au vote des jurés une partie de son mystère. Mais l'opinion contraire a prévalu : on ne conteste plus à chaque juré la faculté de demander des renseignements à ses collègues, et de leurs exposer les motifs de ses doutes ou de sa conviction. Chaque juré a le droit de répondre.

Mais jamais, et sous aucun prétexte, le juré qui refuse de prendre part à cette discussion ne peut y être contraint. Vainement tous ses collègues se réuniraient pour l'y obliger. C'est un droit absolu pour lui de s'y refuser. Il ne doit compte qu'à sa conscience de son vote et des motifs de sa conviction.

Il est superflu de dire que, parmi les jurés, nul ne doit chercher à imposer son opinion à ses collègues; que chacun doit respecter les convictions qui sont contraires à la sienne.

N° 84.

Position des questions par le chef du jury.

Une première règle dont les jurés ne doivent jamais s'écarter c'est qu'ils ne doivent jamais voter ni répondre sur d'autres questions que celles que le président leur a remises par écrit, sauf pour les *circonstances atténuantes*. — V. n° 90.

Ils doivent voter sur toutes les questions, sauf les exceptions portées au n° 88.

Après avoir donné connaissance de l'instruction de l'art. 342 du Cod. d'inst. cr., et de la loi du 13 mai 1836 sur le vote au scrutin secret, le chef du jury fait lecture de la première question à résoudre.

Ordinairement le président a pris le soin de poser les questions de telle manière que chacune d'elles puisse être l'objet d'un scrutin particulier. Il sépare attentivement le fait principal (V. n° 85) et chacune des circonstances aggravantes pour en faire autant de questions distinctes.

Si au contraire le président avait, par erreur, proposé au jury une question complexe, — V. n° 87.

Le chef du jury ne doit jamais faire voter à la fois par un seul scrutin sur deux questions.

Nº 85.

Fait principal; circonstances aggravantes.

Il importe aux jurés de ne jamais confondre ce que la loi désigne par ces termes *fait principal, circonstances aggravantes :* quelques exemples suffiront pour l'expliquer.

Dans une accusation ainsi formulée : « *N.* est-il » coupable d'avoir, le 1er mai 1839, soustrait frau» duleusement une somme d'argent appartenante à » autrui? Ce vol a-t-il été commis à l'aide de fausses » clefs, d'escalade, d'effraction? »

Le vol d'argent constitue le fait principal de l'accusation.

L'usage de fausses clefs rend aux yeux de la loi le crime plus grave : c'est une première circonstance aggravante.

Il en est de même de l'effraction et de l'escalade.

Dans une accusation ainsi formulée : « *N.* est-il » coupable d'avoir, le 1er mai 1839, volontairement » porté à *N.* des coups qui ont occasioné une inca» pacité de travail pendant plus de vingt jours? »

Les coups portés par l'accusé sont le fait principal;

L'incapacité de travail pendant plus de vingt jours est une circonstance aggravante.

Les questions sur les faits d'excuses et sur le discernement ne sont pas considérées comme des questions sur des faits principaux.

Dans les cas de tentative et de complicité l'accusation doit être divisée en fait principal et en circonstances aggravantes comme dans les autres accusations.

Pour la manière d'exprimer le vote du jury sur le fait principal et sur les circonstances aggravantes, — V. n° 104 et suivants.

N° 86.

Questions sur le fait d'excuse et sur le fait de discernement.

Les jurés ne doivent pas oublier que, si le président ne leur a pas posé de questions sur ces faits, ils n'ont pas à s'en occuper : dans ce cas la décision qu'ils rendraient à cet égard devrait être nécessairement annulée par la cour.

N° 87.

Questions complexes ; moyen de les décider.

On désigne comme complexe la question qui contient à la fois le fait principal et les circonstances aggravantes, ou qui considère l'accusé comme auteur ou comme complice. Avant la loi du 13 mai 1836 le président était obligé, d'après l'art. 337 Cod. inst. cr., de poser ainsi la question :

« L'accusé est-il coupable d'avoir commis tel » meurtre, tel vol, avec toutes les circonstances » comprises dans le résumé de l'acte d'accusation? »

Mais la loi nouvelle, en prescrivant au jury de voter par un scrutin distinct et successif sur le fait principal, et, s'il y a lieu, sur chacune des circonstances aggravantes, etc., oblige implicitement le président de la cour d'assises à diviser les questions, et à ne plus en proposer de complexes au jury.

Cependant, si une question complexe était proposée au jury, il devrait bien la résoudre. Il pourrait opérer comme dans les exemples suivants :

Prenons les deux questions proposées au n° 35 ci-dessus :

« *N.* est-il coupable d'avoir, le 1er mai 1839, » soustrait frauduleusement une somme d'argent » appartenante à autrui, et ce vol a-t-il été commis » avec de fausses clefs, à l'aide d'escalade et » d'effraction ? »

Dans la case destinée à recevoir les réponses du jury, à côté de la question proposée, le chef du jury transcrira toute la partie de la question qui concerne le fait principal ; c'est-à-dire : « *N*... est- » il coupable d'avoir, le 1er mai 1839, soustrait » frauduleusement une somme d'argent apparte- » nante à autrui ? » Ce sera la première question que devra résoudre le jury ; elle porte sur le fait principal. Le chef du jury en donnera lecture, et ensuite fera ouvrir un premier scrutin. (V. n° 94.) Il écrira au-dessous la déclaration du jury.

Si cette réponse est négative, le jury n'aura pas à s'occuper des circonstances aggravantes. (V. n° 88.) Si elle est affirmative, le chef du jury écrira, pour deuxième question, ces mots : « Ce vol a-t-il été » commis avec de fausses clefs ? » Il en donnera lecture ; il fera procéder à un nouveau scrutin ; il écrira la réponse.

Ensuite il écrira, pour troisième question, ces mots : « Ce vol a-t-il été commis à l'aide d'effrac- » tion ? » Il en donnera lecture ; il fera procéder à un nouveau scrutin ; il écrira la réponse.

Enfin il écrira, pour quatrième question, ces mots : « Ce vol a-t-il été commis à l'aide d'esca- lade ? » Il procèdera comme pour la troisième question ;

Sauf à voter ensuite sur les circonstances atténuantes. — V. n° 90.

DEUXIÈME EXEMPLE *sur cette question complexe.*

« *N.* est-il coupable d'avoir, le 1er mai 1839, » volontairement porté à *N.* des coups qui ont » causé une incapacité de travail personnel pen- » dant plus de vingt jours? »

Le chef du jury écrira sur la case destinée aux réponses du jury ces mots, qui composeront la première question : « *N.* est-il coupable d'avoir, le » 1er mai 1839, volontairement porté des coups » à *N...?* »

Il en donnera lecture, fera procéder au scrutin, et il écrira la réponse.

Si la réponse est affirmative, il écrira, pour seconde question, ces mots : « Ces coups ont-ils » causé une incapacité de travail personnel pendant » plus de vingt jours? »

Il fera procéder à un nouveau scrutin, et la réponse sera écrite à la suite;

Sauf à voter ensuite sur les circonstances atténuantes. — V. n° 90.

Les jurés doivent porter la plus grande attention à ce travail, qui n'est pas toujours sans difficulté. Il faut qu'ils répètent exactement toutes les énonciations qui se trouvent dans la question primitive. S'ils omettaient la date; s'ils ne mentionnaient pas que la soustraction a été frauduleuse, que les coups ont été portés volontairement, leur déclaration serait annulée.

N° 88.

Question qu'il est inutile de résoudre.

En général le jury ne doit laisser sans réponse aucune des questions qui lui sont proposées.

Cependant, en plusieurs cas, il est évidemment inutile que le jury réponde à une question.

PREMIER CAS. Le jury, par un premier scrutin sur le fait principal, déclare que l'accusé n'est pas coupable. Il serait trop superflu de voter sur les circonstances aggravantes de ce fait.

DEUXIÈME CAS. Sur une première question où l'accusé serait considéré comme auteur du crime le jury déclare qu'il est coupable; si le président de la cour d'assises avait subsidiairement posé une question où le même individu serait considéré seulement comme complice du même crime, il est clair encore qu'il ne serait pas nécessaire de voter sur cette deuxième question.

TROISIÈME CAS. Sur une première question le jury a déclaré l'accusé coupable d'un crime réellement accompli, consommé. Une seconde question a été subsidiairement posée dans laquelle l'accusé ne serait considéré que comme ayant tenté de commettre le même crime. Il serait inutile de répondre à cette seconde question.

A côté de ces questions, que le jury n'a plus à résoudre, son chef peut écrire ces mots : *Inutile de décider cette question.*

N° 89.

Délibération du jury sur les circonstances atténuantes.

La loi du 28 avril 1832 a confié au jury le droit de décider s'il existe ou non des circonstances atténuantes en faveur de l'accusé reconnu coupable. Le législateur n'a pu prévoir les mille circonstances qui, sans effacer le crime, peuvent diminuer la culpabilité de l'accusé; il a chargé les jurés de les apprécier. Ce pouvoir qu'il leur a confié serait funeste si les jurés n'en faisaient pas un prudent usage, s'il était sans distinction employé à toujours diminuer la peine de tous les crimes.

Dans cette dernière partie de leur déclaration les jurés agiront comme dans leurs délibérations sur le fait principal et sur les autres questions qui leur sont soumises; ils interrogeront leur conscience; et, s'ils ne trouvent rien dans la cause qui diminue la culpabilité de l'accusé, ils auront la *fermeté* de ne pas admettre des circonstances atténuantes.

Nécessité de voter sur les circonstances atténuantes. — V. n° 90.

Nombre de voix nécessaire pour les admettre. — V. n° 101.

Formule pour la réponse du jury. — V. n° 109.

Effet de cette déclaration. — V. n° 91.

N° 90.

Nécessité de voter sur les circonstances atténuantes. Avertissement.

Lorsque les jurés déclarent l'accusé coupable d'un crime, il faut nécessairement qu'ils décident s'il existe ou non des circonstances atténuantes en sa faveur. (C. inst. cr. 341.)

Le président n'écrit pas cette question au nombre de celles qu'il propose au jury; mais il doit, à peine de nullité, lui faire connaître la nécessité d'un vote à cet égard.

Ces circonstances peuvent être admises pour un des accusés, et rejetées pour les autres.

Si les circonstances atténuantes sont admises, V. n° 109 pour la formule de la déclaration; si elles ne sont pas admises, le jury ne fait, ni par écrit, ni même verbalement, aucune mention de sa délibération à ce sujet. Le législateur a voulu épargner une réponse pénible au jury. Il suffit de son silence pour confirmer la rigueur de la loi.

N° 91.

Effets de cette déclaration du jury qu'il existe des circonstances atténuantes.

Lorsque les circonstances atténuantes sont admises, la peine fixée par le Code pénal est nécessairement abaissée d'un degré; elle peut même l'être, dans quelques cas, de deux degrés.

Ainsi l'infanticide est puni de mort par l'art. 302 du Code pénal : avec des circonstances atténuantes cette peine est réduite au moins aux travaux forcés à perpétuité; elle peut l'être même à cinq ans de travaux forcés.

Ainsi encore le vol avec escalade est puni des travaux forcés à temps. (C. pén. 384.) Avec des circonstances atténuantes cette peine est réduite au moins à la reclusion; elle peut même l'être à deux années d'emprisonnement. (C. pén. 463.)

N° 92.

Vote au scrutin secret.

Nécessité du vote au scrutin secret. — V. n° 93.
Formalités de ce scrutin. — V. n° 94.
Bulletins blancs ou illisibles. — V. n° 95.

N° 93.

Nécessité du vote au scrutin secret.

La loi du 9 septembre 1835 a prescrit aux jurés d'employer le scrutin secret pour exprimer leur vote. Elle a voulu affranchir chacun d'eux de toute influence étrangère; elle a voulu les rendre entièrement libres dans l'expression de leur opinion.

On a prétendu que l'exécution rigoureuse de cette loi prolongeait les délibérations du jury; on a dit que parfois les jurés s'affranchissaient de cette formalité. Mais la loi est expresse, elle est connue des jurés, elle doit être exécutée.

L'illégalité serait plus dangereuse si, lorsqu'un juré demande le scrutin secret, ses collègues s'y refusaient. Ce juré devrait s'abstenir d'exprimer son vote. Si, nonobstant, les autres jurés arrêtaient une déclaration, à l'audience ce juré signalerait cette infraction à la loi; la cour annulerait la déclaration du jury, et le renverrait procéder à une déclaration nouvelle.

N° 94.

Formalités du vote au scrutin secret.

Elles sont écrites dans la loi du 13 mai 1836.

Un exemplaire de cette loi est affiché dans la chambre du jury.

Il faut un scrutin distinct et séparé pour le fait principal (V. n° 85); un autre pour chacune des circonstances aggravantes; un autre pour la question sur le fait d'excuse si elle est proposée par le président; un autre pour le discernement (V. n° 86); et enfin, s'il y a lieu, un dernier scrutin pour les circonstances atténuantes.

Le chef du jury donne lecture de la première question à décider. — V. *Questions complexes*, n° 87.

Il remet à chaque juré un bulletin ouvert, marqué du sceau de la cour, et sur lequel sont écrits ces mots : « *Sur mon honneur et ma conscience,* » *ma déclaration est...* »

Pour écrire son vote sur ce bulletin le juré se place à une table disposée de manière à ce que personne ne puisse voir ce qu'il écrit. A la suite de la formule ci-dessus il écrit lui-même ou il fait écrire par l'un des autres jurés de son choix le mot *oui* ou le mot *non*. Il est superflu de dire que le juré ne doit pas signer.

Il plie son bulletin; il le remet au chef du jury, qui, sans chercher à le lire, le dépose dans une urne à ce destinée.

Quand les douze bulletins ont été déposés, le chef du jury appelle l'attention de ses collègues; il extrait tous les bulletins de l'urne, il les compte, il les ouvre successivement et les lit tout haut; les autres jurés peuvent les vérifier. Il met ensemble tous ceux qui portent la même réponse, et il les compte. De ce calcul résulte la décision de la question.

Après le dépouillement de ce premier scrutin, et avant de procéder au second, les douze bulletins sont brûlés en présence de tous les jurés.

Le chef du jury écrit de suite le résultat de ce scrutin, et ensuite on procède au scrutin relatif à la seconde question, et ainsi de suite.

N° 95.

Bulletins blancs, bulletins illisibles.

Un bulletin est *illisible* lorsque six jurés déclarent ne pas distinguer s'il porte le mot *oui* ou le mot *non*. *(Loi du 13 mai 1836, art. 4.)*

Le bulletin blanc est celui sur lequel aucun vote n'est inscrit.

Il est difficile de trouver un motif à la conduite du juré qui met un bulletin blanc, surtout lorsqu'il sait écrire.

Les bulletins blancs et les bulletins illisibles sont comptés comme s'ils portaient une réponse favorable à l'accusé. (*Même article.*)

Ainsi on compte ces bulletins comme s'ils portaient le mot *non* lorsqu'il s'agit de décider

1° Si l'accusé est coupable du fait principal;

2° Si une circonstance aggravante est constatée;

3° Si l'accusé a agi avec discernement.

Au contraire on les compte comme s'ils portaient le mot *oui* lorsqu'il s'agit de décider

1° Si un fait proposé pour excuse est constant;

2° S'il y a des circonstances atténuantes.

Les jurés ne doivent jamais faire connaître si, dans leur scrutin, il s'est trouvé des bulletins blancs ou illisibles; ils ne le mentionnent ni par écrit dans leur déclaration, ni verbalement à l'audience.

N° 96.

Communications interdites, communications avec le président pendant la délibération du jury.

Toute communication devient interdite aux jurés pendant leur délibération plus sévèrement encore que pendant les débats.

Les jurés ne peuvent sortir de leur chambre pendant leur délibération. (C. inst. cr. 343.)

L'entrée n'en est permise, pour quelque cause que ce soit, que par le président, et par écrit; et ce n'est que bien rarement, et pour des motifs graves, que le président accorde cette autorisation.

Pour assurer l'exécution de cette mesure une garde est placée à la porte de la chambre des jurés; l'ordre formel, et par écrit, en est donné au commandant de la gendarmerie de service.

Le juré contrevenant pourrait être puni d'une amende de 500 fr. (550 fr. décime compris); toute autre personne qui aurait enfreint cet ordre, ou qui ne l'aurait pas fait exécuter, pourrait être punie de vingt-quatre heures d'emprisonnement.

Si, pendant leur délibération, les jurés avaient besoin de demander au président quelques explications, quelques renseignements, ils devraient l'en informer par une lettre ; ils la remettraient à la sentinelle qui veille à leur porte, qui la ferait parvenir à son adresse. Le président se rendrait à leur invitation.

N° 97.

Nouvelle délibération.

La cour est quelquefois obligée d'ordonner que les jurés procèderont à une nouvelle délibération. — V. n° 115.

La cour exprime clairement quelle est l'irrégularité qui rend nécessaire cette nouvelle délibération.

Les jurés rentrent dans leur chambre ; ils ne doivent en général délibérer de nouveau que sur la partie de leur déclaration que la cour a déclarée irrégulière. Cependant ils ont encore le droit de revenir sur leur première décision : la lecture qu'ils en ont déjà faite en public ne les empêche pas de changer d'avis.

Ainsi, lorsque plusieurs d'entre eux demandent un nouveau scrutin, le chef du jury doit y faire procéder.

Pour les nouvelles délibérations que la cour leur a demandées, ils doivent procéder au scrutin secret. — V. n° 115.

N° 98.

Secret du vote et de la délibération du jury.

Le public, l'accusé, le procureur du roi, le

président et les membres de la cour d'assises, personne, en un mot, ne doit connaître, des délibérations du jury, rien si ce n'est la déclaration dont lecture est faite à l'audience.

Chaque juré doit religieusement garder le secret aussi bien sur son propre vote que sur le vote de ses collègues, et sur tout ce qui s'est fait, sur tout ce qui s'est dit dans la chambre des délibérations.

Si, par la discussion qui peut avoir eu lieu, ou par toute autre voie, un juré vient à connaître l'opinion et le vote de l'un de ses collègues, il doit rigoureusement s'abstenir de le divulguer.

Il est défendu aux journaux de rendre compte des délibérations du jury. (*Loi du* 9 *septembre* 1835, *art.* 11.)

CHAPITRE VIII.

DÉCLARATION DU JURY.

Sens légal du mot *coupable*. — V. n° 99.

Majorité des votes nécessaire pour la condamnation. — V. n° 100.

Majorité pour admettre les circonstances atténuantes. — V. n° 101.

Mention de la majorité. — V. n° 102.

En quels termes doit être exprimée la déclaration du jury. — V. n° 103.

Formules pour toutes les déclarations du jury. — V. n° 104.

Ecriture de la déclaration. — V. n° 110.

Renvois, ratures, surcharges, interlignes. — V. n° 111.

Signature de la déclaration du jury. — V. n° 112.
Lecture publique de cette déclaration. — V. n° 113.
Déclarations qui devraient être annulées. — V. n° 114.
Nouvelle déclaration demandée au jury. — V. n° 115.
Erreurs dans la déclaration. — V. n° 116.
Effets de la déclaration du jury. — V. n° 117.

N° 99.

Sens légal du mot COUPABLE.

Le mot *coupable*, dans son acception légale, emporte toujours l'idée d'une intention criminelle. Ainsi celui qui, *sans le vouloir*, a fait des blessures, a incendié un bâtiment, a donné la mort, ne sera pas déclaré par le jury *coupable* de blessures, d'incendie, d'assassinat.

Pour déclarer l'accusé *coupable* il faut que le jury reconnaisse 1° que le fait est constant; 2° que l'accusé en est l'auteur; 3° qu'il a agi dans une intention criminelle. Ces trois conditions ne sont plus divisées, comme elles devaient l'être autrefois, dans les questions soumises au jury, elles sont toutes implicitement comprises dans le mot *coupable*. Si l'une de ces trois conditions n'est pas constante pour les jurés, ils doivent répondre *non*.

N° 100.

Majorité nécessaire pour la condamnation.

Notre législation a souvent varié sur le nombre de voix nécessaire pour la condamnation. Longtemps sept voix suffirent; la loi du 4 mars 1831 en exigea huit. Enfin la loi du 9 septembre 1835, revenant au premier système, n'en demande plus que sept.

Toute décision contraire à l'accusé doit être prise au moins par sept voix; sauf le cas prévu au n° 101.

Ainsi il faut sept voix 1° pour déclarer constant le fait principal de l'accusation ; 2° pour admettre une circonstance aggravante ; 3° pour déclarer que l'accusé âgé de moins de seize ans a agi avec discernement ; 4° pour décider qu'un fait d'excuse n'est pas constant.

Dans tous ces cas l'égalité des voix, six pour l'accusé, six contre lui, entraîne toujours une décision favorable.

La *simple majorité,* qu'il est nécessaire d'indiquer dans quelques cas, se compose de *sept* voix contre l'accusé.

N° 101.

Majorité nécessaire pour admettre les circonstances atténuantes.

L'art. 347 du Cod. inst. cr. exige que, sur les douze jurés, sept au moins reconnaissent qu'il existe des circonstances atténuantes pour qu'elles puissent être admises. C'est le seul cas où l'égalité des voix ne soit pas profitable à l'accusé.

N° 102.

Mention de la majorité dans les déclarations du jury.

La déclaration du jury doit mentionner la majorité à peine de nullité :

1° Lorsque la déclaration est contraire à l'accusé;

2° Lorsque le jury admet des circonstances atténuantes. (C. inst. cr. 347.)

Cette mention de la majorité doit donc être faite par le jury :

1° Lorsqu'il déclare l'accusé coupable du fait principal;

2° Lorsqu'il déclare constante une circonstance aggravante;

3° Lorsqu'il déclare que l'accusé a agi avec discernement;

4° Lorsqu'il déclare qu'un fait d'excuse n'est pas constant;

5° Lorsqu'il déclare qu'il existe des circonstances atténuantes.

Mais au contraire le jury ne doit jamais faire mention de la majorité lorsqu'il déclare 1° que l'accusé n'est pas coupable du fait principal;

2° Qu'une circonstance aggravante n'est pas constante;

3° Que l'accusé n'a pas agi avec discernement;

4° Qu'un fait d'excuse est constant.

Le législateur n'a pas voulu que le moindre soupçon restât sur l'individu qui se trouve acquitté; et ce dessein ne serait pas accompli si le jury mentionnait qu'une partie de ses membres avait voté pour la condamnation.

Quant aux circonstances atténuantes, si elles ne sont pas admises, le jury ne fait aucune mention de sa délibération à leur égard.

Dans le cas où le jury fait mention de sa majorité, il ne doit jamais indiquer de quel nombre de voix se compose cette majorité. S'il déclarait que sa décision contre l'accusé a été prise à l'unanimité ou a la majorité de dix voix, etc., la cour annulerait cette déclaration.

Dans un cas unique la loi prescrit de faire connaître le nombre des voix qui composent la majorité :

ce cas est celui où, sur le fait principal, l'accusé n'est déclaré coupable que par sept voix. Le jury doit exprimer ainsi son vote : *A la simple majorité, oui...*

Cette disposition est utile à l'accusé. La cour, si elle pense que le jury s'est trompé en déclarant l'accusé coupable, peut et doit renvoyer l'affaire à une autre session. (C. inst. cr. 352.) Si la déclaration du jury n'a été prise qu'à la *simple majorité,* il suffit de deux membres de la cour pour ordonner le renvoi. Au contraire, dans les autres cas, il faut que la cour soit unanime.

Si la mention de la majorité, lorsqu'elle est prescrite par la loi, n'existait pas dans la déclaration des jurés, la cour les renverrait dans leur chambre pour réparer leur omission.

N° 103.

En quels termes doit être exprimée la déclaration du jury.

Les jurés ne sauraient exprimer leur décision avec trop de clarté. Pour la moindre obscurité la cour serait contrainte d'ordonner une nouvelle délibération.

La loi ne prescrit aucune formule, aucune expression spéciale : tout ce qu'elle exige c'est que, dans certains cas, il soit fait mention de la majorité; les jurés sont libres d'ailleurs de choisir les expressions qu'il leur plaît d'employer.

Ils seront prudents d'être aussi concis que possible.

Quelquefois ils s'expriment ainsi : *Non, l'accusé n'est pas coupable de.....;* ou *Oui, à la majorité, l'accusé est coupable de.....;* et ils transcrivent la désignation du crime telle que la porte la question.

Ils doivent, dans ce cas, n'omettre aucune des circonstances qui se trouvent énoncées dans la question; ils doivent la transcrire en entier. Toute abréviation pourrait entraîner des inconvénients, et quelquefois des nullités. Bien souvent des jurés qui avaient à répondre sur des questions de tentative ou de complicité négligeaient de transcrire, dans leur réponse, les circonstances qui caractérisent la criminalité de la complicité ou de la tentative; ils se bornaient à dire : *A la majorité l'accusé est coupable de tentative* ou *de complicité;* et toujours leur décision était annulée.

Le plus souvent les jurés emploient une formule bien plus simple, aussi complète et moins sujette à l'erreur. Pour répondre négativement à la question leur chef écrit à côté le seul mot *non;* pour répondre affirmativement il écrit à côté le seul mot *oui,* sauf à mentionner la majorité lorsque la loi l'exige.

Cette manière de répondre pourrait même paraître la seule régulière.

En effet, d'après la loi du 13 mai 1836, le vote de chaque juré s'exprime par le seul mot *oui* ou *non,* qu'il inscrit sur son bulletin. On ne peut pas exprimer plus fidèlement le résultat de ces votes qu'en employant exactement la même expression.

Ce même système est adopté dans les formules suivantes.

N° 104.

Formules pour toutes les déclarations du jury.

Sur le fait principal. — V. n° 105.

Sur chacune des circonstances aggravantes. — V. n° 106.

Sur la question d'excuses. — V. n° 107.

Sur la question de discernement. — V. n° 108.
Sur les circonstances atténuantes. — V. n° 109.

N° 105.

Formules pour la déclaration du jury sur le fait principal.

Trois cas peuvent se présenter :

PREMIER CAS. Les bulletins qui portent lisiblement le mot *non*, ajoutés aux bulletins blancs ou illisibles (V. n° 95), sont au nombre de six, ou ils sont en plus grand nombre. Alors l'accusé n'est pas reconnu coupable. Le chef du jury écrit à côté de la question ce seul mot *non*; et il signe.

DEUXIÈME CAS. Les bulletins qui portent lisiblement le mot *non*, ajoutés aux bulletins blancs ou illisibles, ne sont qu'au nombre de cinq : il y a donc sept bulletins qui portent lisiblement le mot *oui*. L'accusé est reconnu coupable par la simple majorité. Le chef du jury écrit à côté de la question ces mots : *A la simple majorité, oui;* et il signe.

TROISIÈME CAS. Les bulletins qui portent lisiblement le mot *non*, ajoutés aux bulletins blancs ou illisibles, ne sont pas au nombre de plus de quatre. Alors huit bulletins au moins portent lisiblement le mot *oui*. L'accusé est reconnu coupable. Le chef du jury écrit à côté de la question ces mots : *Oui, à la majorité;* et il signe.

N° 106.

Formules pour la déclaration du jury sur chaque circonstance aggravante.

Deux cas peuvent se présenter :

PREMIER CAS. Les bulletins qui portent lisiblement le mot *non*, ajoutés aux bulletins blancs ou illisibles, sont au nombre de six ou en plus grand nombre. La circonstance aggravante est écartée : la déclaration est favorable à l'accusé. Le chef du jury écrit à côté de la question le seul mot *non;* et il signe.

DEUXIÈME CAS. Les bulletins qui portent lisiblement le mot *non,* ajoutés aux bulletins blancs ou illisibles, ne sont qu'au nombre de cinq, ou sont en moindre nombre; il y a donc au moins sept bulletins qui portent lisiblement le mot *oui*. La circonstance aggravante est déclarée constante : la déclaration est contraire à l'accusé. Le chef du jury écrit à côté de la question ces mots : *A la majorité, oui;* et il signe.

N° 107.

Formule pour la réponse du jury sur cette question : TEL FAIT D'EXCUSE EST-IL CONSTANT?

Deux cas peuvent se présenter :

PREMIER CAS. Les bulletins qui portent lisiblement le mot *oui,* ajoutés aux bulletins blancs ou illisibles, sont au nombre de six ou en plus grand nombre. Le jury admet l'excuse : sa déclaration est favorable à l'accusé. Son chef écrit à côté de la question le seul mot *oui;* et il signe.

DEUXIÈME CAS. Les bulletins qui portent lisiblement le mot *oui,* ajoutés aux bulletins blancs ou illisibles, ne sont qu'au nombre de cinq, ou sont en moindre nombre; il y a au moins sept bulletins qui portent lisiblement le mot *non*. L'excuse est rejetée : la déclaration est contraire à l'accusé. Le chef du jury écrit à côté de la question ces mots : *A la majorité, non;* et il signe.

N° 108.

Formules pour la réponse du jury sur cette question : L'ACCUSÉ A-T-IL AGI AVEC DISCERNEMENT?

Deux cas peuvent se présenter :

PREMIER CAS. Les bulletins qui portent lisiblement le mot *non*, ajoutés aux bulletins blancs ou illisibles, sont au nombre de six ou en plus grand nombre; il est décidé que l'accusé n'a pas agi avec discernement : la déclaration est favorable à l'accusé. Le chef du jury écrit à côté de la question ce seul mot *non;* et il signe.

DEUXIÈME CAS. Les bulletins qui portent lisiblement le mot *non*, ajoutés aux bulletins blancs ou illisibles, ne sont qu'au nombre de cinq, ou sont en moindre nombre. Sept bulletins au moins portent lisiblement le mot *oui*. Il est décidé que l'accusé a agi avec discernement : la déclaration est contraire à l'accusé. Le chef du jury écrit à côté de la question ces mots : *A la majorité, oui;* et il signe.

N° 109.

Formule unique pour la déclaration du jury sur les CIRCONSTANCES ATTÉNUANTES.

Deux cas peuvent aussi se présenter :

PREMIER CAS. Les bulletins qui portent distinctement le mot *oui*, ajoutés aux bulletins blancs ou illisibles (V. n° 95), sont au nombre de sept ou en plus grand nombre. Alors les circonstances atténuantes sont admises. Le chef du jury écrit, à la suite des autres réponses, ces mots : *A la majorité il y a des circonstances atténuantes en faveur de l'accusé.*

DEUXIÈME CAS. Les bulletins qui portent lisiblement le mot *oui*, ajoutés aux bulletins blancs ou illisibles, ne sont qu'au nombre de six, ou sont en moindre nombre. Les bulletins qui portent lisiblement le mot *non* sont au nombre de six ou en plus grand nombre. Les circonstances atténuantes sont rejetées. Alors le chef du jury n'en fait aucune mention, ni par écrit ni verbalement, à l'audience.

N° 110.

Ecriture de la déclaration du jury.

Avant de passer au second scrutin, le chef du jury doit écrire le résultat du premier scrutin.

Ordinairement la feuille de papier sur laquelle sont écrites les questions est divisée en deux colonnes : l'une contient les questions ; l'autre est réservée pour écrire la réponse du jury.

C'est sur cette seconde colonne, et à côté de chaque question, que la réponse du jury est consignée. Il faut prendre soin que la réponse soit écrite directement à côté de la question.

Il n'y aurait pas nullité quand elle serait écrite par un autre que le chef du jury.

N° 111.

Ratures, renvois, surcharges, interlignes.

Il faut éviter autant que possible d'avoir besoin de ces moyens de réparer une erreur ou un oubli.

S'il est nécessaire de mettre quelques mots en *renvoi*, le chef du jury doit expressément l'approuver. Il emploie ordinairement cette formule : « *Approuvé le renvoi* », qu'il fait suivre de sa signature entière; un paraphe ne suffirait pas. Il met un des signes de renvoi au lieu où doivent être rapportés les mots ajoutés, et, avant ces mêmes mots, il met l'autre signe de renvoi.

Les *ratures* doivent être expressément approuvées. Cette approbation se met le plus près possible des mots rayés; elle doit être signée; elle indique le nombre des mots rayés.

Les *surcharges* doivent être encore plus attentivement évitées ; il vaut beaucoup mieux effacer le mot qu'on veut supprimer, et écrire par renvoi le mot qu'on veut lui substituer.

Si on laisse subsister une *surcharge*, il faut qu'elle soit approuvée, et que l'approbation rappelle le mot qui doit valoir. On peut employer cette formule : « Approuvé le mot (*on le transcrit*) » mis en surcharge pour valoir »; et le chef du jury signe.

Les *interlignes* doivent aussi être évitées. Si l'on ne peut faire autrement, il faut une approbation, qui peut être conçue ainsi : « Approuvé » pour valoir les mots (*on les transcrit*) mis en » interligne »; et le chef du jury signe.

N° 112.

Signature de la déclaration du jury.

Ordinairement chacune des réponses du jury est signée; quelquefois une seule signature est mise pour toutes les réponses du jury, quel qu'en soit le nombre.

C'est le chef du jury qui doit signer. S'il ne le pouvait ou s'il ne le voulait pas, ce serait le cas de désigner un nouveau chef : celui-ci signerait même dans le cas où la déclaration serait d'une autre main.

C'est ordinairement dans la chambre du jury, et

avant sa rentrée à l'audience, que la déclaration du jury est signée. Cependant elle pourrait ne l'être que dans la salle d'audience, mais toujours en présence des douze jurés. (C. inst. cr. 349.)

N° 113.

Lecture de la déclaration du jury.

Lorsque la délibération des jurés est terminée, que leur déclaration est écrite et signée, leur chef en fait avertir le président de la cour.

Un huissier introduit les jurés dans la salle d'audience. Chacun d'eux reprend la place qu'il occupait durant les débats, sauf dans le cas où le jury s'est donné un nouveau chef. (V. n° 57.) Aucun d'eux ne peut être absent. Si quelqu'un des jurés voulait s'éloigner lorsque sa présence est encore nécessaire, le président de la cour serait forcé de le retenir; et, si de simples observations ne suffisaient pas, on devrait recourir aux voies de rigueur.

Les jurés peuvent s'asseoir et se couvrir.

Ils trouvent la cour en séance publique; l'accusé n'est pas présent, mais son défenseur peut l'être.

Le président de la cour demande aux jurés quel est le résultat de leur délibération.

A ce moment si solennel il conviendrait que tous les jurés fussent debout et découverts.

Après la demande du président, le chef du jury, debout et la main placée sur son cœur, dit : « SUR » MON HONNEUR ET MA CONSCIENCE, DEVANT DIEU » ET DEVANT LES HOMMES, LA DÉCLARATION DU » JURY EST : *Sur la première question, ainsi con-* » *çue* (il en donne lecture) »; immédiatement il lit la réponse à cette question.

Il lit ensuite la deuxième question et la deuxième réponse, et ainsi de suite.

Enfin il lit, s'il y a lieu, la déclaration du jury sur les circonstances atténuantes.

Il serait tout-à-fait superflu de répéter à chaque question la formule *Sur mon honneur.....* Une seule fois suffit.

Cette lecture est faite par le chef du jury. (C. inst. cr. 348.)

Si, pour telle cause que ce soit, le chef du jury ne peut faire cette lecture, la cour ordonne qu'elle soit faite par le second juré.

N° 114.

Déclarations du jury qui devraient être annulées.

Si le jury, dans sa déclaration, a émis son opinion sur une question qui ne lui était pas expressément soumise, cette partie de sa déclaration est déclarée nulle par la cour, sans qu'il soit nécessaire de le renvoyer réparer cette erreur.

Si le jury a omis de répondre à quelqu'une des questions qui lui étaient proposées, ou si, soit dans une réponse contraire à l'accusé, soit dans l'admission des circonstances atténuantes, il a omis de mentionner la majorité, la cour doit le renvoyer dans la chambre de ses délibérations pour réparer cette omission.

Si le jury a mentionné la majorité dans une réponse favorable à l'accusé, la cour peut aussi le renvoyer pour effacer cette mention.

Si la déclaration du jury présente quelque obscurité, la cour peut ordonner qu'il fournira une réponse plus précise et plus claire.

N° 115.

Comment procède le jury lorsque la cour lui demande une nouvelle déclaration.

Il faut distinguer plusieurs cas :

1° *Le jury avait omis de voter sur une des questions proposées.* Lorsqu'il est rentré dans la chambre de ses délibérations, son chef lit la question ; il procède à un nouveau scrutin, il inscrit son résultat à côté de la question. Toutes ces opérations sont faites comme dans la première délibération.

2° *Le jury avait voté sur la question*, mais il avait omis de *constater le résultat de son vote.* Alors il n'est pas nécessaire de recourir à un nouveau scrutin : le chef du jury écrit la réponse déjà arrêtée à côté de la question. Cependant un des jurés pourrait exiger qu'on procédât à un nouveau scrutin. — V. n° **116**.

3° *Le jury avait omis de mentionner la majorité, quoique ce fût sur cette majorité que l'accusé eût été déclaré coupable, ou que les circonstances atténuantes eussent été admises.* Il est encore inutile de procéder à un nouveau scrutin. Le chef du jury écrit les mots *à la majorité* à la suite de sa déclaration, ou il les met en renvoi. — V. n° **111**.

4° *La déclaration du jury est incomplète dans ses énonciations ; elle n'est pas assez claire, assez précise.* Si, en supprimant quelques mots de la première déclaration, elle se trouvait régularisée, le chef du jury en ferait la radiation, et l'approuverait. — V. *Ratures*, n° **111**. — S'il suffisait d'ajouter quelques mots à la première réponse, le chef du jury en ferait un renvoi qu'il approuverait. — V. *Renvoi*, n° **111**.

S'il est nécessaire d'écrire en entier la nouvelle

réponse, le chef du jury la place, s'il est possible, à côté de la question. S'il ne peut le faire, il met le signe de renvoi à côté de cette question; il met l'autre signe de renvoi à la place où il inscrit la nouvelle réponse. Mais, pour éviter toute incertitude, il faut que, dans l'approbation du renvoi, il désigne à quelle question il se rapporte.

La première réponse, quoique annulée, ne doit pas être effacée; elle sera légèrement bâtonnée de manière à ce qu'elle reste encore lisible.

Le chef du jury doit écrire à côté ces mots : *Déclaration annulée;* et il signe.

Quand le jury a terminé ces opérations, il fait prévenir le président. Il rentre dans la salle d'audience; son chef donne une nouvelle lecture de sa déclaration; on se conforme à toutes les règles ci-dessus énoncées par la première déclaration.

N° 116.

Erreurs que les jurés peuvent reconnaître et réparer dans leur déclaration.

La déclaration du jury n'est définitive et irrévocable que lorsqu'il en a été fait lecture par le greffier en présence de l'accusé. Cette lecture n'a lieu qu'après celle que le chef du jury fait à l'audience.

Jusqu'au moment où le greffier commence cette seconde lecture, si l'un des jurés reconnaît quelque erreur dans la déclaration, il doit à l'instant même en informer la cour. Les jurés seront renvoyés dans la chambre pour réparer cette erreur.

Ce serait une funeste faiblesse que de reconnaître l'erreur, et de ne pas user des moyens légaux de la faire réparer.

Mais, lorsque le greffier en a fait lecture en

présence de l'accusé, la déclaration du jury est définitive.

N° 117.

Effets de la déclaration du jury.

Lorsqu'elle est favorable à l'accusé, cette déclaration est irrévocable. Il n'existe aucun moyen de priver l'accusé de son bénéfice. Vainement il existerait des nullités : personne ne pourrait s'en prévaloir contre lui. L'art. 360 C. inst. cr. est ainsi conçu : « Toute personne acquittée légalement » ne pourra plus être reprise ni accusée à raison » du même fait ».

Si la déclaration du jury est contraire à l'accusé, la loi ouvre plusieurs voies pour parvenir à sa réformation. Le condamné peut se pourvoir en cassation. Lorsque l'arrêt de condamnation est cassé, la cause est renvoyée devant une autre cour d'assises pour être jugée de nouveau.

La cour d'assises peut elle-même renvoyer la cause à une autre session.

Le condamné peut invoquer en sa faveur l'exercice du droit de grâce, et, dans ce dernier cas, les jurés peuvent quelquefois, en usant avec sagesse de cette faculté, recommander le condamné à la clémence du roi.

N° 118.

Recommandation des jurés en faveur d'un condamné.

Les jurés savent qu'ils trahiraient leurs devoirs et leur serment s'ils rendaient un verdict d'acquittement lorsque les preuves de la culpabilité de l'accusé leur paraissent évidentes. Ils savent que ce serait aussi violer leur serment que d'admettre des circonstances atténuantes lorsqu'elles n'existent pas.

Cependant ils peuvent, dans quelques cas, éprouver des regrets d'avoir appelé sur la tête du coupable une peine que diverses considérations peuvent leur faire trouver trop sévère.

Il reste aux jurés un dernier moyen pour concilier les droits de la justice et ceux de l'humanité, c'est d'invoquer pour le coupable l'exercice du droit de grâce; de réclamer du roi une réduction de peine.

S'il est reconnu que leur demande est une libre inspiration de leur conscience, qu'elle ne leur est pas arrachée par des sollicitations, les jurés peuvent compter que leur recommandation ne sera pas stérile. On pourrait en citer mille exemples.

Tous les intérêts se trouvent alors protégés : le public apprend quel est le châtiment qui attend le crime ; le condamné reçoit tout l'allégement de sa peine qu'une sage indulgence peut accorder; et les jurés ont à se féliciter d'avoir religieusement accompli tous leurs devoirs.

Il peut arriver, mais les exemples en sont heureusement fort rares, que le jury commette une erreur contre l'accusé, et qu'il lui fasse appliquer une peine trop rigoureuse. Ce malheur est réparable.

Le 15 décembre 1839 L.... était accusé de vol avec ces trois circonstances aggravantes : de nuit, de maison habitée, de domesticité. Le ministère public avait déclaré au jury qu'il y avait lieu à admettre des circonstances atténuantes.

Les jurés pensèrent qu'ils atteindraient le même but en rejetant la circonstance aggravante de la domesticité.

L'arrêt de la cour leur apprit bientôt leur erreur. Ils adressèrent une supplique au roi pour obtenir une commutation de peine. Le 22 du même mois le roi signait la grâce demandée. Dix jours après, le 25, à 45 myriamètres de Paris, et pendant que la session durait encore, les jurés qui avaient prononcé la condamnation apprenaient officiellement que leur erreur était réparée.

CHAPITRE IX.

CLÔTURE DE LA SESSION. INDEMNITÉS DES JURÉS.

N° 119.

Le tirage au sort du jury qui doit juger la dernière affaire ne libère pas encore les jurés qui n'en font pas partie. Divers incidents peuvent nécessiter l'annulation de ce tirage et la composition d'un nouveau jury. Les jurés ne sont réellement libérés qu'après le jugement de la dernière affaire : leur départ avant ce moment pourrait forcer la cour de renvoyer l'affaire à une autre session, et faire subir encore trois mois de détention à un accusé. La cour serait dans la nécessité de condamner tous les jurés qui auraient quitté leur poste à la même amende qu'encourent les jurés défaillants. — V. n° 23.

N° 120.

Indemnités que peuvent obtenir les jurés.

Les jurés domiciliés dans la commune où se tiennent les assises n'ont droit à aucune indemnité.

Les jurés qui ont leur domicile réel hors de cette commune obtiendront, s'ils le demandent, 1° une indemnité de voyage — V. n° 121;

2° Et, dans certains cas, une indemnité de séjour en route (V. n° 124). Mais le séjour des jurés dans la ville où se tiennent les assises ne leur procure aucune indemnité.

N° 121.

Indemnité de voyage que peuvent obtenir les jurés.

Jurés qui ont droit à cette indemnité. — V. n° 122.
Montant de cette indemnité. — V. n° 123.
Liquidation de cette indemnité. — V. n° 128.

N° 122.

Jurés qui ont droit à cette indemnité.

Tous les jurés qui n'habitent pas la commune où se tiennent les assises, pourvu qu'il y ait trois kilomètres entre le chef-lieu de la commune qu'ils habitent et le chef-lieu de la commune où ils se rendent, ont droit à une indemnité de voyage.

Celui qui, étant appelé comme juré, se rend à la cour d'assises pour faire valoir ses motifs de dispense, et qui est autorisé à se retirer, a droit à la même indemnité que dans les cas où il aurait siégé pendant la session entière.

Il en est de même du juré qui, dans le cours de la session, obtient la permission de se retirer.

N° 123.

Montant de l'indemnité de voyage allouée aux jurés.

C'est sur la distance qui existe entre le chef-lieu de la commune où le juré réside et le chef-lieu de la commune où se tiennent les assises que cette indemnité est calculée.

Elle est de 2 fr. 50 c. par myriamètre parcouru par le juré en se rendant de son domicile aux assises, et de pareille somme pour le retour.

Des tableaux, rédigés par le préfet de chaque département, indiquent ces distances, et servent à fixer l'indemnité des jurés.

Tableau de l'indemnité de voyage allouée aux jurés.

Kilomètres fixés par les tableaux de distance entre le domicile réel du juré et le lieu où siégent les assises.			Sommes allouées aux jurés.	
1	2	kilom.	» fr.	» c.
3			1	25
4	5	6	2	50
7	8		3	75
9	10	11	5	»
12	13		6	25
14	15	16	7	50
17	18		8	75
19	20	21	10	»
22	23		11	25
24	25	26	12	50
27	28		13	75
29	30	31	15	»
32	33		16	25
34	35	36	17	50
37	38		18	75
39	40	41	20	»
42	43		21	25
44	45	46	22	50
47	48		23	75
49	50	51	25	»
52	53		26	25
54	55	56	27	50
57	58		28	75
59	60	61	30	»
62	63		31	25
64	65	66	32	50
67	68		33	75
69	70	71	35	»

N° 124.

Indemnité allouée au juré pour séjour forcé en route.

Cas où le juré peut obtenir cette indemnité. — V. n° 125.

Calcul du nombre des jours pour lesquels elle est due. — V. n° 126.

Pièces justificatives à produire. — V. n° 127.

Somme allouée pour chaque jour de séjour. — V. n° 126.

Liquidation de cette indemnité. — V. n° 128.

N° 125.

Cas où le juré peut obtenir une indemnité pour séjour forcé en route.

C'est lorsque, soit en se rendant de sa demeure à la ville où se tiennent les assises, soit à son retour, le juré se trouve arrêté dans son voyage par force majeure. (*Décret du* 18 *juin* 1811, *art.* 95.) Tel serait le cas d'inondation et même d'une maladie grave.

On devrait assimiler à ce cas celui où le juré, après la clôture de la session, serait contraint par force majeure de prolonger son séjour dans la ville où se sont tenues les assises.

N° 126.

Calcul du nombre de jours pour lesquels l'indemnité est accordée; montant de cette indemnité.

Un retard de quelques heures dans son voyage ne peut faire obtenir une indemnité au juré : il faut que le retard ait duré vingt-quatre heures.

Alors il lui est alloué 2 francs. (*Décret du 18 juin 1811, art. 95.*) Si le retard est de quarante-huit heures, il obtient 4 francs, et ainsi de suite à raison de 2 francs par jour.

N° 127.

Pièces justificatives que le juré doit produire.

C'est un certificat délivré soit par le maire du lieu du séjour, soit par un adjoint, soit par le juge de paix, soit par un suppléant. (V. n° 40.) Ce certificat constate la cause et la durée du séjour. Pour la légalisation de ce certificat — V. n° 44.

N° 128.

Par qui est faite la liquidation des indemnités allouées aux jurés.

C'est par le président de la cour d'assises devant laquelle était appelé le juré.

S'il s'agit de l'indemnité de voyage (V. n° 121), le greffier écrit la taxe sur la copie de la notification qui lui a été remise. Si le juré avait égaré cet acte, le greffier ferait la taxe sur papier libre, et y mentionnerait que la copie de la notification n'a pu être représentée.

S'il s'agit de l'indemnité pour séjour forcé en route, le juré adresse sa demande au président de la cour d'assises, ou au procureur du roi près cette cour. Pour le port de la lettre (V. n° 39). Il n'est pas nécessaire que le juré se présente en personne : le président fixe l'indemnité, et fait parvenir la taxe au juré, qui en reçoit le montant au bureau de l'enregistrement le plus voisin de sa demeure.

N° 129.

Protection accordée aux jurés par la loi.

La loi, qui leur impose de si grands, de si pénibles devoirs, a dû entourer les jurés d'une protection toute spéciale.

L'outrage adressé à un juré à raison de ses fonctions serait puni d'un emprisonnement de dix jours à un an et d'une amende de 50 à 3,000 fr.

Si le juré avait été frappé sans qu'il en résultât de blessure, l'emprisonnement serait de deux à cinq ans; l'amende, de 100 à 4,000 fr. Le coupable pourrait en outre être condamné à s'éloigner, pendant cinq ans, de deux myriamètres du lieu où réside le juré.

Si l'outrage a eu lieu à l'audience, ou si les violences ont causé une blessure, une maladie, ou une effusion de sang, les peines contre le coupable seraient encore plus graves. (Article 6, loi du 25 mars 1822.)

Dans aucun cas le juré n'a la charge de poursuivre directement le coupable : il lui suffit de le dénoncer au procureur du roi, qui, d'office, et sans aucun frais pour le juré, poursuit la réparation du délit.

FIN.

TABLE ALPHABÉTIQUE

DE

L'AGENDA DU JURÉ.

FIN DE LA TABLE.

www.ingramcontent.com/pod-product-compliance
Lightning Source LLC
Chambersburg PA
CBHW071454200326
41519CB00019B/5731

* 9 7 8 2 0 1 3 7 5 2 1 5 2 *